军队"2110 工程"经费资助
美军军事训练系统化设计、管理、评价系列丛书

美军训练的系统化方法
——训练考核

袁晓静　曹继平　张　毅　朱亚红　译
宋建社　宋　辉　刘振岗　校

中国原子能出版社

图书在版编目（CIP）数据

美军训练的系统化方法. 训练考核 / 袁晓静等译
. — 北京：中国原子能出版社，2017.12（2024.4 重印）
（美军军事训练系统化设计、管理、评价系列丛书）
ISBN 978−7−5022−8757−3

Ⅰ. ①美… Ⅱ. ①袁… Ⅲ. ①军事训练—系统训练—
美国 Ⅳ. ①E712.3

中国版本图书馆 CIP 数据核字（2018）第 001498 号

美军训练的系统化方法 ——训练考核

出版发行　中国原子能出版社（北京市海淀区阜成路 43 号　100048）

责任编辑　王　青

印　　刷　北京时捷印刷有限公司

经　　销　全国新华书店

开　　本　787mm×1092mm　1/16

印　　张　10　　　　字　数　167 千字

版　　次　2024 年 4 月第 2 版　2024 年 4 月第 2 次印刷

书　　号　ISBN 978−7−5022−8757−3　　　定价：68.00 元

《美军军事训练系统化设计、管理、评价系列丛书》

编审委员会

前　言

系统化训练（SAT），是系统型训练模式的发展和扩充，其含义是针对不同工作岗位，通过全面分析，提出从事该岗位工作人员所具备的全面工作能力要求，通过编制和实施训练大纲，使人员达到该岗位所需的全面工作能力的要求，并对整个训练过程进行有效评价。

美军在训练过程中引入系统化方法来解决军事训练问题，对训练分析、设计、开发、评价、考核、训练开发管理、课程和课件确认等过程予以研究，论述了训练必要性，训练内容，训练者，训练方法，更好的训练手段，以及训练地点等，和生产、分配、执行所需要的训练支持/资源，以及评估所需要的教育/训练产品，并以文件、指南或手册等给予确认。

本书作为《美军军事训练系统设计、管理、评价》系列丛书之一，翻译自美陆军训练与条令司令部的350-70系列文件中第五部分（TRADOC350-70-5），介绍了陆军考核基础、考核设计基础、参照标准测试开发、考核开发管理、操作测量/考核的开发、知识考核开发、考核实施与控制。其目的是给训练组织人员、领域专家以及在开发训练产品方面进行考核的训练部门提供参考。

本书内容共分为8章，第1章是引言，介绍了系统性训练方法与考核设计与开发；第2章是陆军考核基础，包括陆军考核综述、考核类型、精熟学习与考核、以能力为导向的考核；第3章是考核设计基础，阐述了考核设计和开发过程、考核目的与分类、常模/参照测试分类、能力/知识考核、课程考核设置、课程中考核、预测以及考核设计；第4章是参照标准测试开发，包括标准考核开发、参照标准测试特征、将目标转化为考核题目、命题顺序等；第5章是考核开发管理，包括考核开发项目步骤、课程考核开发项目计划、组建考核开发小组、确定课程考核规定和流程、制定与修改课程考核方案、制定学习者评估方案、考核题目的开发和确认、编写质量控制措施、实施考核计划与考核开发管理质量控制；第6章是操作测量/考核的开发，包括操作考核开发简介、收集文件、选择/审查/修订操作目标、设计操作考核题目、确定结果或过程度量并准备清单、确定操作度量/考核的评分程序、编写说明、题目确认、更新课程考核方案、开发质量控制标准等；第 7 章是知识考核开发，包括知识考核回顾与开发、审查和修订目标、设计知识与认知技能题目、知识考核题目的运用与确认、编制考核题目以及开发知识考核题目的质量控制标准；第 8 章是考核实施与控制，包括考核实施与材料控制、实施考核讲评并反馈、考核实施质量控制标准。

参与本书翻译的译者有袁晓静、曹继平、张毅、朱亚红等同志。

本书的翻译出版，得到了预研与维修课题的资助和火箭军工程大学领导和同仁们的大力支持，并受到了维修技术专业组诸位专家，以及陆军工程大学石家庄校区郝建平、李星新与海军航空大学青岛校区李洪伟等同志的热情鼓励和帮助。在此，一并感谢各位领导、专家、同仁及出版社的同志们。

由于参与本书翻译的译者多是从事工程技术专业，普遍缺乏军事训练的专业知识和背景，翻译中肯定存在许多理解有偏有误、表述不准欠妥之处，恳请领域内专家、同仁指正。

2017 年 9 月

目 录

第1章 引 言

1.1 目的

本手册提供了训练与条令司令部（TRADOC）第 350-70 规章的详细指南，在学习者评价方法/考核设计和开发过程等领域为 TRADOC 课程和课件提供详细指导。

（1）陆军考核基础。

（2）参照标准测试（CRT）开发。

（3）考核开发管理。

（4）课程考核方案（CTP）和学习者评估方案（SEP）的开发。

（5）绩效度量工具的开发。

（6）基于知识的考核工具的开发。

（7）提供度量工具和参考值。

1.2 参考文献

本手册的所有参考文献见附录 A。

1.3 缩略词和术语

缩略词和术语的解释见本册术语表。

1.4 系统性训练方法（SAT）综述

（1）按照 AR350-1，陆军的训练开发（TD）过程是一个训练的系统工程过程。该过程是一个系统的、迭代的、呈螺旋上升的方法，旨在为陆军作出集体的、个体的以及自我发展的教育/训练决策。这个过程决定是否需要训练；训练什么内容；谁需要训练；怎样开展训练；以及为生成、分配、执行和评估所需的教育/训练产品所必备的训练保障/资源等。

（2）训练的系统工程过程涵盖五个相关联的阶段：评价、分析、设计、开发和实施。每个阶段及其所开发的产品需满足"最小基本需求"。TRADOC手册350-70-4的附录B对训练的系统工程过程进行了详细论述。

（3）训练开发是TRADOC对陆军进行作战准备使命的重要组成部分。这是TRADOC司令部、学校、野战单位及保障性承包商办公室里每位承担着管理和与训练相关角色的每个文职人员和士兵的职责。各个层次的管理都需要知道这个过程的工作知识，并确保其有效执行，以节省稀有的资源（也就是说，人员、时间、过程以及不必要的产品开发费用）。TRADOC手册350-70-4的第一章第4段的系统性训练方法（SAT）综述，为获得成功的训练开发（TD）项目提供了参考。

1.5　规章、手册及工作辅助（JA）关系

1.5.1　支持产品

（1）本手册支持建立在TRADOC第350-70规章之上的规定，并为其提供程序性指导。本规章对计划编制和考核设计的开发与实施提供指导。工作辅助、产品模板、产品样本以及其他支撑文件/产品支持本手册。本手册和工作辅助关系文件可以作为多个单独的文件或作为单个文件打印。

（2）图1-1描述了本手册及支撑性文件/产品和TRADOC第350-70规章之间的关系。

（3）图1-2显示了本手册的结构。在一些章节中提供的指南为其他的章节提供支撑。参照每个章节以完成特定的考核发展项目。对随后所列举的支撑性工作辅助的参考贯穿于全手册。

1.5.2　手册组织与结构

序号　　　　　　　　标题

（1）JA 350-70-5.3　所有考核开发的总体指南。

（2）JA 350-70-5.5　关于基于计算机制训练（CBT）考核/考核题目的设计指南。

（3）JA 350-70-5.6a　考核引导协助（HOTS）指南。

（4）JA 350-70-5.6b　测量产品的操作考核实例。

（5）JA 350-70-5.6c　测量过程的操作考核实例。

（6）JA 350-70-5.6d　测量产品和过程的操作考核实例。

（7）JA 350-70-5.6e　操作考核样本：说明和清单。

（8）JA 350-70-5.7a　开发指南：所有基于知识的考核题目。

（9）JA 350-70-5.7b　开发指南：多选考核题。

（10）JA 350-70-5.7c　开发指南：匹配考试题。

（11）JA 350-70-5.7d　开发指南：简短回答/补充完整题目。

（12）JA 350-70-5.7e　开发指南：短文写作考核题目。

（13）JA 350-70-5.7f　针对考核题目分析的PHI系数（φ）计算。

（14）JA 350-70-5.8a　考试管理清单。

（15）JA 350-70-5.8b　执行考核评论的基本规则。

（16）JA 350-70-5.8c　敏感考核资料签领记录表和存货清单样表。

（17）JA 350-70-5.8d　考核控制对照表。

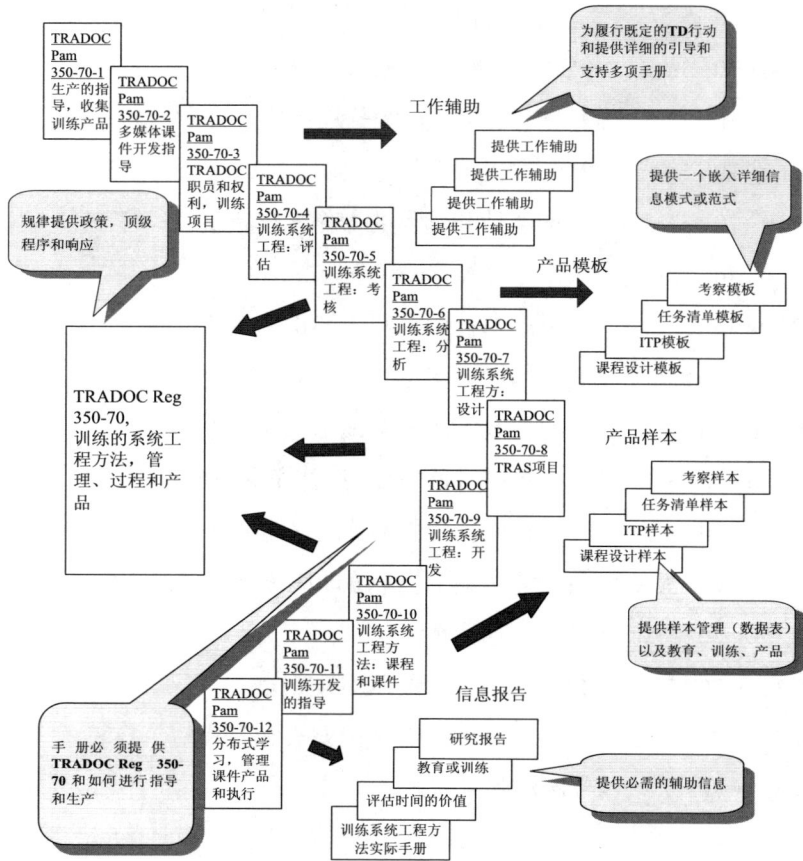

图 1-1　规定与指南

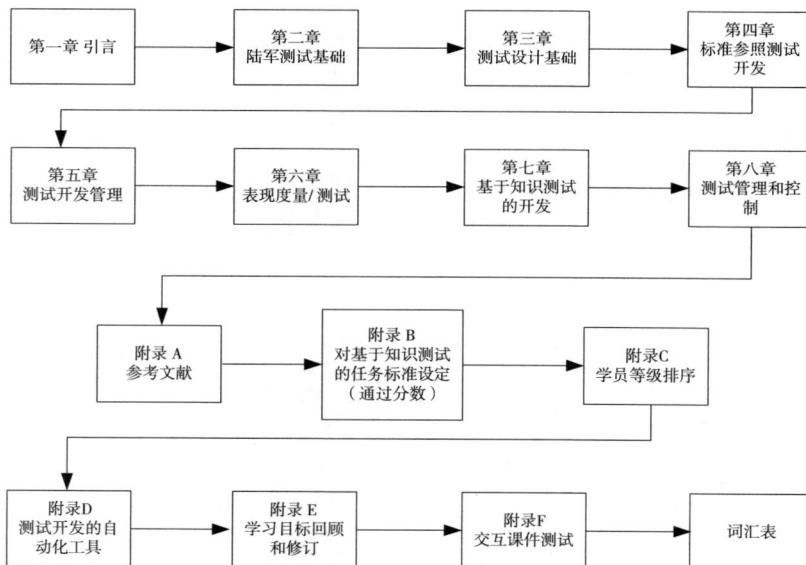

图 1-2　手册结构

1.6 考核设计与开发综述

有效的考核设计和开发过程（以及对这些过程相关的质量控制）可确保获得质量度量工具以：

（1）确定陆军人员的技能、知识及表现能力。

（2）评估军事训练的效果。

1.6.1 考核设计

对学习者能力的考量/考核设计是训练开发过程中的重要步骤。在考核设计过程中，构建考量工具，用以考核学习者将自身学习目标（LOs）达到预设目标标准。在实施过程中，要控制考核方法的灵敏性，以及IAW的考核计划。汇总学习者反馈、应用通过（GO）/未通过（NO GO）标准、收集对考核的反馈意见。在整个过程中，运用质量控制（QC）测量，以确保最好的终极产品，如学习者评估方案（SEP）和考核工具的开发和实施。

1.6.2 课程考核计划（CTP）

课程考核计划（CTP）的开发过程中包含主要的考核计划。课程考核计划（CTP）为学习者提供所有关于他们确定是否成功完成课程学习的信息。计划：

（1）详尽阐述了授课人员如何确定学习者是否具有足够的熟练水平，通过了某个课程或训练的信息。

（2）建立了训练完成/结业的标准或要求。

（3）规定了学校/课程咨询和重考的规定及程序。

（4）详细描述课程中的所有测试。

1.6.3 考核计划

制订了总的课程考核计划（CTP）后，对每个考核制订出相应的考核计划，首先是制定操作考核方案，然后制定知识考核方案。

1.6.4 考核确认

确定操作考核的效度，以确保其与设计相一致。如果操作考核不可行或不必要，制定知识考核，通常考核那些支撑性技能和知识，这些技能和知识对于随后训练过程中的操作考核是必需的。确定这些知识考核，以确保其能正确测量所设计考核目标，保证考核的正确性、一致性。

1.6.5 考核实施

在教学的执行过程中，根据学习者评估方案（SEP）和考核说明实施考核，根据特定的考核指南控制考核。收集/观察学习者在度量工具中的能力，并进行初步分析。

1.6.6 考核评价

评价是一个系统的、连续的过程，用以衡量一个方案、过程或产品（参见训练与条令司令部第 350-70-4 手册）的质量（效率、不足、效果）。在执行考核工具的过程中，收集分析来自考核管理部门的数据将有助于提高工具的质量。评价包括：

（1）识别出预期的和意外的结果，让决策者能够对教学训练方案进行必要的判断。

（2）必要时，给教育/训练计划的修订提供反馈。

第 2 章　陆军考核基础

2.1　陆军考核综述

本章是关于陆军考核的重要的基础教育理论。是建立在陆军考核策略和程序多个关键性教育基础理论上的，包括参照标准测试、能力掌握考核以及操作性考核等。

2.2　考核类型

考核分为两大类：常模参照考核（NRT）和参照标准测试（CRT）。两类考核的区别在于它们的预期目的、内容选择方式以及用以解释考核结果的评分过程的不同。

2.2.1　常模参照考核（NRT）的目的

运用常模参照考核（NRT）的主要原因是对学习者进行分类（对被考核者进行排序）。通过设计常模参照考核来突出学习者间的学业差异，用连续的学业成绩，排列出学业优异学习者和学业较差学习者的可靠顺序来。传统的常模参照考核（NRT）呈正态分布，成绩尽可能的分散。为把学习者恰当地置于补习培养方案或天赋培养方案中，教学培训系统可以采用这种考核分类方式。常模参照考核就如医学院的能力倾向考试一样，能够可靠挑选出优秀的学习者来。

2.2.2　参照标准测试（CRT）的目的

参照标准测试CRT理念。相对NRT，CRT是确认参试者的能力，而不是相互比较他们的能力。不像NRT（如果参加考核者位居其他考核者之前，则被定义为成功者），CRT则阐明了参加考试者能力与预定能力之间关联。医师资格考试更像是建立基于能力的标准，而不仅仅知识排序。（患者期望知道医生是否胜任工作，而不仅仅是占据医学毕业

80%的优秀生）。参加CRT的成功考生没有限制，但是，参加考核者的选择，比如，前十，前二十等，则可用常模参照考核（NRT）界定为成功者。常模参照考核（NRT）确定出学习者的排序，而参照标准测试（CRT）确定受试者所展示的能力和知识，而不是把他们和其他受试者进行比较。参照标准测试（CRT）报告出受试者相对于预设的能力标准，他们在总体课程中所包含的特定教育目标和结果中表现怎么样。

2.2.3 陆军考核

陆军选用参照标准测试（CRT），以确定每个学习者在学习预定的重要能力、技巧和知识等学到的程度，以及教学训练系统在教授重要任务和支撑性技能与知识方面运行效果如何。相对于这样的要求，不必要对学习者进行排序分类。

2.2.4 标准参照的定义

在"考核"领域，标准参照意思是在能力预设标准和用以测量标准的考核项目之间有着直接的、权威的联系。在参照标准测试中，一个学习者的能力不是和另一个学习者的能力相比较（这被称为常模参照），而是仅仅和标准进行比较。

2.2.5 NTR和CRT考核内容选择的比较

常模参照考核（NRT）和参照标准测试（CRT）之间，考核内容的选择存在重大差异。常模参照考核（NRT）的内容选择的依据是如何能更好地对学习者实现从优异者到较差者的排序。参照标准测试（CRT）的内容选择则重在依据如何更好地匹配学习结果。尽管没有任何考核能测试所有重要内容，但参照标准测试（CRT）的内容是依照其在该课程中的重要性来进行选择的，而常模参照考核（NRT）的内容是依照能更好区分学习者的原则进行选择的。

2.2.6 常模参照考核（NRT）解释

如前所述，参加常模参照考核（NRT）的学习者的表现是依照参加考核的大量类似参考人员的表现来加以解释的。例如，一个学习者得到的百分比等级分数为34，就表示该学习者与常模组中的34%的学习者的表现一样好，或优于34%的学习者。这类信息对于决定学习者是否需要补习帮助或者是否可以选入天赋培养程序十分有用。然而，这个分数却几乎无法提供诸如学习者实际知道或能干什么的信息。在决策过程中，这个分数的效度取决于常模参照考核的内容是否与学校体系中学习者期望掌握的知识和技能相匹配。

2.2.7　参照标准测试（CRT）解释

参照标准测试（CRT）在考核中给出了学习者在每个教育目标或结果中的表现信息，比较容易实现所期望掌握的技能与参照标准测试的匹配。例如，"……参照标准测试（CRT）分数可以描述学习者能进行什么样的运算操作或他/她能理解的阅读难度水平"。只要考核的内容与被认为重要的学习内容（即，重要的任务、支撑性技能和知识）相匹配，参照标准测试（CRT）就能给学习者、教师和陆军指挥部提供学习者掌握被评估的重要任务内容的程度。

2.2.8　在陆军考核中的应用

陆军考核：

（1）运用参照标准测试思想，确定参试者是否能够完成某项任务（即学习目标LO），即是否达到对某项任务/学习目标（LO）所预设的标准。依照预定标准或学习目标（LO）标准，参试者的表现用通过（GO）和未通过（NO GO）表示。

（2）分数的给定是依照绝对标准（比如，工作能力）给出，而不是依照相对标准（班级名次）给出。在常模参照考核（NRT）中常用的概念，比如"平均值""百分比""正态分布（即钟形曲线）"等，在参照标准测试中均不适用。（参见附录B：设定考核标准的设置）

（3）在校学习和分散式学习（DL）训练中，在每个培训单元（IU）之前或完成培训单元（IU）之后均要确定学习者掌握水平。

（4）对不同目标对象（现役、预备役、国民警卫队、军人、文职人员等）的需求作标准化处理，确保实现对任务掌握的标准统一。

2.2.9　常模参照考核（NRT）和参照标准测试（CRT）对照

运用参照标准测试（CRT）来做常模参照决策十分困难（比如通过对学生进行比较来确定"优秀毕业生"人选）。要做这样的决策，设计者通常转而求助于非能力导向的考核，这样的考核以百分比为基础给定分数。因此，设计者应当避免这个缺陷，且不必将考核作为考核设计标准对参试者进行相互比较。参见附录C了解更多以常模参照为目的的陆军课程比较性的判定。

2.2.10 考核理论——减少误差的方法

常模参照考核（NRT）和参照标准测试（CRT）基本的考核理论概念相同。任何考核分数包括两个部分：真实分数和误差。这可以用一个简单的公式来表达：观测分数＝真实分数+误差。式中，观测分数（即受试者的分数）包括两个部分：真实分数（真正掌握的）和误差。误差指的是受试者分数与其真实情况之间的偏差。误差可以相对于真实分数，可能为正值，也可能为负值。（作弊也是一种误差，通常会增加观测分数；缺乏动机也是一种误差，通常会减少观测分数。）系统考核设计方法的主要目的：无论是标准参照测试（CRT）还是常模参照测试（NRT），目的在于减少误差，使测试分数和真实成绩尽可能一致。当然，任何测试环境总会包含误差。但是，通过关注测试系统开发和管理，考核会尽可能地将知识学习程度的误差最小化。

2.3 精熟学习与考核

精熟学习和标准参照理念紧密相关。精熟学习可以确定学习者：

（1）按照等级或程度考核作出充分的权威的决定，足以确定学生能够在给定的条件和规定的标准下掌握目标和任务训练。

（2）必要时，按照需求多次考核原则，尽可能让学习者在预设条件下掌握所训知识体系，直至达到精熟标准。这个概念是基于精熟学习的理念。

2.3.1 核心思想

精熟学习的核心思想是，学习者能力取决于其学习时间的长短，而不是取决于其聪明程度。也就是说，只要得法，任何人都能学习。为适应其能力，应当调整学习时间。也就是说，在没有掌握前导的学习材料之前，任何学习者都不能去学习新材料。

2.3.2 精熟考核原则

对于考核而言，精熟学习表示的是：

（1）如果培训材料是针对"平均水平"学习者，并不是每个人都可以在第一次考核中达标。实际上，第一次考核中，应该有一些非精熟学习者，而不是要避免这种情况。第一次考核的"非精熟人员"并不是一个负面事件，也就是说，这样的学习者不能被贴上"失败者"的标签，只是"尚未"成为精熟学习者而已。

（2）在另一次精熟考核（重测）之前，应运用不同的方式、方法、媒体和/或材料，完成对培训进行补习/重新教授。

（3）"考核—再指导—再考核"的循环会一直持续，直到达到精熟掌握。

（4）那些经过第二次、第三次或者更多次数的学习和考核过程才达到对材料"精熟掌握"的学习者，并不比那些首次就达到对材料精熟掌握的人差。

2.3.3　与陆军考核的关系

根据定义，陆军考核必须在学习者目标中运用考核标准来区分掌握者和未掌握者，陆军考核属于精通考核。考虑到资源有限，考核策略必须意识到不同人员之间学习效率的差别。

（1）不要期望所有的陆军学习者能够在固定的时间段（即，在第一次考核中）就达到学习目标。

（2）不要让第一次考核不成功对学习者产生强烈的负面影响。

（3）在学习者被淘汰之前，允许合理地进行几轮考核/再指导/再考核的循环。根据指导方法，允许的循环次数是可变的。交互式的多媒体教学（IMI）理论上设计了循环次数的无限大，直到达到精熟标准。然而，必须要考虑资源，包括交互式媒体/方法、人力资源、材料、经费以及花费的时间等。关于课程考核规定相关内容，参见第 5 章和第 6 章。

2.4　以能力为导向的考核

2.4.1　定义

以能力为导向的考核和参照标准测试（CRT）紧密相关。能力考核（借助对任务/技能掌握的测量）直接与实际工作岗位所期望达到的能力相关。以能力为导向的考核，是包括对在实际工作岗位完成任务/技能所需要的能力和知识的考核。考核最终目的是决定一个人能干什么，而不仅仅是他知道什么。

2.4.2　和陆军考核的关系

所有的陆军考核必须是以能力为导向的考核，要使考核项目、考核条目设置、工作所需的能力之间的联系清晰、明确。

（1）明确岗位需求的关键性任务，包括预期的能力条件，可接受的能力标准。

（2）确定关键性任务所需的技能和知识。

（3）根据关键性任务所需的技能和知识，确定学习者目标（LOs）。

（4）将考试条目和学习目标（LOs）相匹配（参见附录D）。

陆军学习的设计应是连续的、渐进的。因此，对学习者所需的前导技能和知识的掌握程度进行考核，将决定其能否进入后续培训。确定学习者是否准备好，对于开展高效、安全的培训十分必要。有时候，这些考核指"启蒙考核"，或更普遍地被称为"入门考核"。因此，作为任务分析的结果，一些入门知识测量、支撑性技能/知识的考核项目与工作岗位所需的实际能力存在明显的关联。

第3章　考核设计基础

3.1　考核设计概述

本章包括了考核设计的概况。后续各章将进一步讨论有关学习者能力度量的设计、开发、确认（效度）和实施的必要细节。（质量控制贯穿于此螺旋式发展过程。）下面将涉及对以下几个问题的讨论：

（1）对于理解本手册所描述的过程至关重要的定义。

（2）几种考核分类方法。

（3）课程内考核和预测指南。

（4）用于对学习者表现度量/考核进行分类和设计的学习理论综述。

3.1.1　考核设计和开发过程

"考核开发过程"指：

（1）设计、开发、确认、实施、控制和评价学习者学习能力的度量工具/考核的整个螺旋式发展的所有步骤。

（2）所有相关文档的建立，如考核开发项目管理计划、课程考核计划（CTP）、考核开发计划、学习人员考核计划、评价计划和结果、确认计划和结果、评价/数据收集方案和结果等。

出于组织和参照的目的，在确定考核数量和类型、预期学习结果、预期学习水平、课程中考核时机、需要考核的项目数量、最佳精度水平等后，要为每门课程和每次考核/考核项目进行设计。课程考核计划（CTP）中档案设计决策、学习者评估方案（SEP）和/或考核设计档案（审核跟踪）以及课程考核方案（CTP）和学习者评估计划（SEP）中建档的某些设计建议等。

当（按照设计过程中所做的决策）编写、确认并同意了所有单个的考核项目之后，就完成了一个考核的开发。

开发完成后，随之而来的就是实施和评估。一旦实施就要评价考核（即，收集关于考核和学习者表现的数据），并将结果用以确定是否需要修订考核，以便在恰当的步骤再次进入考核过程。（参见第 4 章；第 6、7 章，特殊考核项目的开发；第 5、8 章，考核开发管理、考核管理和控制。）

3.1.2 系统性训练方法（SAT）和考核开发过程

不要将考核设计与开发和训练的系统工程的设计与开发阶段相混淆。尽管整个系统性训练过程中有更多必要的改变，但是所有的考核设计、开发和确认工作仅发生在系统性训练方法（SAT）的设计阶段。

3.2 考核目的

3.2.1 考核的主要目的

考核的主要目的是评估学习者达到最终学习目标（TLO）和从属学习目标（ELO）中所规定的行为的程度。

3.2.2 考核的次要目的

考核还有一些其他目的，比如：

（1）找出教学中（但愿是材料效度）的问题和不足。（参见训练与条令司令部手册 350-70-10）

（2）表明个人或班级是否达到了特定目标的标准。

（3）指出教师的能力和教学媒体的功能。

3.3 考核分类

有诸多的考核分类模式。针对陆军考核设计和开发目的，最有用的几种分类如下：

（1）如前面第 2 章所介绍，一种主要的分类就是按照对学习者评估和分类的适应度来进行分类，可以分为常模参照考核（NRT）和参照标准测试（CRT）。（参见 3.4 常模/参照标准测试分类）

（2）参照标准测试（CRT）可以进一步分为能力考核和基于知识考核。这种细分十分重要，因为每一种小的分类可以用于测试不同的能力。（参见 3.5 能力/知识考核）

（3）细分的一个重要方法体现在课程中开展参照标准测试（CRT）。在此，细分包括预测、课堂考核、课后考核、模块考核、阶段考核以及课程结束考核。（参见 3.6 课程考核设置）

（4）参照标准测试（CRT）的最后一种细分方式，是建立在考核条目测量记忆保持或转化为知识技能能力的基础上，对于考题编写非常有用。（参见 3.7 课程中考核）

3.4 常模/参照标准测试分类

3.4.1 考核类型

这两大类考核类型是：

（1）参照标准测试，决定学习者是否达到给定的训练标准。[参照标准测试（CRT）分为能力考核和知识考核。]

（2）常模参照考核，将一个学习者的能力和其他学习者的能力（或常模）进行比较。

3.4.2 参照标准测试（CRTs）

训练与条令司令部（TRADOC）和相关的兵种学校采用参照标准测试，以确定学习者能力，以及训练方案或课程的实施是否达标。

（1）测试学习者成功执行学习目标（LO）中规定行为的能力。将学习者的表现和学习目标（LO）标准进行比较。

（2）确定学习者是否掌握了执行学习目标（LO）所需要的支撑性技能和知识。

（3）确定学习者是否达到了成功进入下一阶段学习所需的熟练程度。

（4）是否基于绝对标准计分，而不是基于相对标准计分（如班级排名）。

（5）将学习者的分数记为通过（GO）/不通过（NO GO）。

（6）允许将学习者分为两类：

① 能上岗的人——那些训练了就能（或有望）做的学习者。

② 不能上岗的人——那些训练了也不能做的学习者。

（7）可以作为一个诊断工具应用。这给确定学习者现有或入门水平提供了一个工具。这种考核为后续训练提供了起点，也可以作为允许考核的部分或全部课程的终结考核，以确定学习者是否展示出要求掌握的能力水平。

3.4.3 常模参照考核（NRTs）

常模参照考核，测量某一个体相对于其他参加统一考核个体的能力表现。

（1）通常用百分比计分。

（2）不用以确定学习者是否达到既定标准，能完成某个具体任务或学习目标（LO）。

（3）对于做相对决策十分有用，如哪些学习者知道得更多或工作最快。

（4）不用以测试陆军训练中学习者的能力。

注意：训练与条令司令部（TRADOC）支持的学校应当考核学习者是否达到了既定标准，而不应当仅仅考核学习者看他们相互比较怎么样。可以参见附录C，了解在不开发和运用常模参照考核（NRTs）的情况下，如何做出常模参照决策的详细指南。

3.5 能力/知识考核

3.5.1 陆军训练操作考核方法

出于训练目的，陆军参照标准测试（CRTs）可以分为两类：知识考核（有时候称为笔试）和操作考核。（参见第6章，操作考核的构建和应用；第7章，知识考核。）

3.5.2 操作考核

操作考核是学习者实际展现最终能力或能够达到目标必须具备的能力。

3.5.3 理清书写操作响应格式

若操作考核首先出现，其内容还不甚清晰，如使用或模拟使用装备执行任务或进行决策，操作考核似乎能确认书面考核的智能技巧。

（1）如果必须让学习者对一项提问、一个难题或一种情景做出反应，为在心理上具备与岗位需求相同的能力，那么学习者陈述和响应的机理并非重要的评判准则，提问应是执行条目。而问题、条目则是操作要素。比如，地面导航问题，给定一个书面格式，要求学习者通过一系列步骤的"工作"，确定正确的回答，这是一个操作项目。在这种情况下，考核项目是操作，多选响应时仅仅是方法和模式，并不表示该考核项目是基于知识的的考核项目。

（2）操作考核项目的回应模式，是一种实际的或模拟的操作，如简短回答或补充完整、填空、多选题等模式。相反，基于知识的考核项目仅旨在考查知识。出于考核的目的，可以运用简短回答、多项选择、匹配等回应模式。（参见第 7 章，可了解更多关于这些回应模式的构成。）学习者执行智力或体力的技巧或任务（或者智力和体力的合成，通常称为心理运动）的能力通过操作考核题来评价。

3.5.4　书面或口述操作考核

书面或口述的操作考核，通过笔试、机试或口试等方式进行。采用这些类型的考核来测试如下学习结果：

（1）辨识、具体概念和定义性概念的智力技能。

（2）规则学习和口头信息的智力技能。

（3）认知策略智力技能。

注意：要求学习者执行技能/任务，从可能的答案中判定并选择答案的考核是一种类型的操作考核，这种考核由于存在猜测的可能性，效度较低。因此最好是学习者在回应中写出/陈述出答案，而不是从所列举的备选答案中进行选择。

3.5.5　心理运动操作考核

许多类型的任务，尤其是装备操作任务，涉及不同的智力和运动技能，而且是以综合在一起的方式执行。与手工任务操作相关的智力技能和运动技能的结合体，称作心理运动技能。那么对与手工任务相关的智力技能和运动技能的结合体的测试，就称作心理运动操作考核。例如，在排空液压制动系统中，心理运动任务包括：

（1）回忆程序（规则学习智力技能）。

（2）各个步骤的体力操作（运动技能）。

（3）识别部件和工具（分离概念智力技能）。

（4）观察系统内制动液状况（辨别智力技能）。

（5）清洁和安全（态度技能）。

3.5.6　运动技能操作考核

运用书面或口头的方式考核运动技能操作。运动技能操作考核：

（1）需要一台真正的装备样机或计算机生成的装备操作仿真。（注意：如果以优秀的操作能力来评价，计算机仿真则不适用；应用实际的装备或模拟器以确保和对接触输入有必要的响应。）

（2）需要学习者展示对实际操作的熟练程度。

（3）具备内容效度。任何类型学习中最有效的内容考核是动手操作考核。

（4）通常比较耗时，因为是在真实装备或模拟器上逐个操作。

3.5.7 知识考核的运用

在以下两种情况下，采用知识考核来预测能力：

（1）当直接考核某项操作不可行时，就考核这项操作所需技能的操作行为。根据该信息预测学习者能否执行作业任务。比如，如果学习者写出制动系统排液的步骤，相对于不知道步骤的人，这个学习者就更有可能实际执行这项任务。如果操作考核可能，就不用知识考核代替。

（2）在设计合理的顺序的或渐进的训练课程中，普遍采用知识考核来决定学习者是否可以进入下一阶段的实际操作训练和考核。也就是说，知识考核决定了学习者在实际操作安全、有效、有力学习之前获得的某种预先的知识（任务分析中所定义的）。

3.5.8 知识考核预测

知识考核在以下情况有效：

（1）预测学习者操作能力。

（2）度量那些已经证明对任务操作所必需的知识。

3.5.9 知识考核类型

常见的知识（预测型）书面考核题的类型，为小论文、简答、填空、标记、多选、匹配和判断等（尽管本手册不推荐使用后者，也未在手册中阐述）。基于计算机的知识考核运用不同的输入系统，与实际任务存在很高的逼真度。一个简单的输入设备，如操纵杆或鼠标，就允许通过指针点击进行识别。

3.5.10 操作考核项目的比较

最好的考核是能够提供关于学习者掌握程度的准确信息，根据能够提供的信息准确程度选择测试项目。表3-1是基于知识的考核与操作考核之间的区别。

表 3–1 知识考核和操作考核的考核项目比较

知识考核项目	操作考核项目
要求学习者通过对书面、口头或计算机生成的各种问题作答，来展示其对支撑性知识的掌握程度。	要求学习者通过对书面、口头或计算机生成的各种问题作答，或在限制条件下完成工作任务，来展示其对最终目标或从属目标的掌握程度。
强调与操作目标相关的智力知识。	强调与运动技能（心理运动技能）的动手能力相关的智力技能。
可能会要求学习者发现、阅读和运用技术资料。	可能会要求学习者发现、阅读和运用某些技术资料（如工作辅助）。
题目是关于智力技能的题目，这些智力技能的掌握能有助于工作操作。	题目通常是依照顺序的智力或运动技能。
题目是独立的问题，题目的顺序一般不影响考核结果。	前期操作次序中出现的错误，通常会影响任务的最终结果。
一个考核题目的错误一般不影响在别的题目的表现。	

3.6 课程考核设置

在课程中任意点，都可以设置课程考核。通常，对此没有具体要求。（参见 3.9 了解关于考核时间的问题。）为方便讨论，课程考核分为"课程前考核"和"课程中考核"。（参见 3.7 和 3.8，了解更多关于课程中考核和课程前考核的类型和运用。）

3.7 课程中考核

课程中考核，对有序的、渐进的训练起支撑辅助作用，用以衡量上次考核以来的训练效果。（出于强化目的，可以包括课程早期训练的材料等。）考核可以是关于单独的一节课，或者一节课中的完整单元（一个学习步骤/活动），可以覆盖一节课程的部分内容（某课内的考核）、一节课的内容（最通常的形式）或多节课的内容。课程考核的实施可以在课程结束时、阶段结束时、模块结束时、某课堂结束时（最通常的形式）或课堂内部进行。

3.7.1 课程内测试的类型、描述和应用

（1）课程终结考核，评价学习者对课程规定的学习目标（LOs）的完成情况。它们并非是任何训练与条令司令部（TRADOC）发出/管理的课程所必须环节；除非对此考试有

特定的教学要求，不要求进行课程终结考核。

（2）阶段考核，评价学习者对这一阶段所规定的学习目标（LO）的完成情况。对于各阶段间存在比较大的时间间隔或阶段间训练重点发生重大变化的课程，推荐使用这种考试，但没有硬性要求。

（3）运用模块考核，以确保学习者能够很好完成特定模块的学习目标（LO），但没有硬性要求。

（4）课堂结束考核，是最常用的考核。它们测量本节课所教授的最终学习目标（TLO）/从属学习目标（ELO），除非对多个课堂的学习目标（LO）同时考核，否则要求对每节课进行考核。[注意：同时测量若干最终学习目标的考核组合仅仅是出于管理之便；确定每个最终学习目标（TLO）的掌握是独立的。这种"考核组合"可以涵盖若干节课的内容，不必用作"模块/阶段考核"。]

（5）课内考核，偶尔以确定个体从属学习目标（ELO）的掌握情况，或者作为实用的"分级"练习。（注意：根据定义，一个不分级的训练，不是考核）。

3.7.2 分散式学习（DL）阶段考核

当一个分散式学习（DL）阶段的教学预备知识/技能与其他阶段紧密相关联时，则需阶段结束考核的特定需求，以确保在正常的教学顺序和进程中，呈现、运用和扩展在分散式学习（DL）阶段所教授的预备知识/技能。在分散式学习（DL）阶段运用阶段结束考核与其他的阶段结束考核的目的一致。

3.7.3 阶段结束考核指导

分散式学习（DL）阶段后，在校学习阶段课程运用阶段结束考核时，遵循以下指导方针。当运用阶段结束考核，决定是专门针对每个分散式学习（DL）课程/模块的设计问题时，如果所教授的任务/知识不能最终确定是否被掌握，则强烈推荐运用阶段结束考核。也就是，对分布式学习（DL）阶段所教授的任务/技能/知识的掌握程度，在校学习必要的时间内和在课件的有序渐进管理中是持续的，这将通过测试来决定，不能发生在整个分布式学习（DL）训练过程课/模块训练之后，学员的能力没有得到确认的问题。如下一个或多个情况会存在：

（1）在校学习阶段是快速构建在对分散式学习（DL）阶段所教授的知识/能力的期望掌握之上。例如，在校学习会迅速进入分散式学习（DL）阶段所教授的程序的动手操作实践环节。

（2）在分散式学习（DL）阶段和在校学习阶段会有一个较大的间歇期。

（3）分散式学习阶段有相当的时间跨度，在本阶段较早期间所教授的知识/能力可能会随着时间减退或已经证明减退，那么在学习者退出本阶段之前就有必要巩固加强。

注意：此条也可能适用于完全通过分散式学习所教授的课程（尽管从定义上讲，此时这个考核称为"课程结束"考核，而不是"阶段结束"考核）。

（4）在校学习阶段没有复测和补习的时间。

（5）阶段结束考核完全是"顶点"操作，或基于知识的练习，用以综合衡量在整个阶段单独教授的知识/能力的掌握程度。

（6）有证据表明在分散式学习（DL）阶段所教授的技巧/知识存在很高（快速）的减退率，必须及时进行确认。

3.7.4 确定任务/技能/知识的掌握

在随后阶段中运用知识之前，阶段结束考核时确定任务/技能/知识掌握程度并提供补习弥补的最后机会。因此，须慎重考虑阶段结束考核的运用。在校学习阶段之初，通过有计划地对在校学习预备知识进行预测，有可能缓解风险（即，"预测"那些在分散式学习期间获得的知识/技能，参见 3.8）。然而，比起在学习者在校学习阶段报到之后决定其重训/退出，分散式学习（DL）期间为学习者提供补习和重测要节省资金且更有效。

注意：参见附件 F，了解更多关于分散式学习（DL）/交互式课件（ICW）考核和测量的详细指导。

3.8 预测

在一个教学单元（课、阶段、模块、课程）之前进行一次预测，有两个不同的目的，而这两个目的可以定义不同的预测。

首先，利用预测来验证学习者是不是先前获得必需的（入门级）技能、知识和能力，以使学习者能在随后的学习课程/模块单元掌握所需的材料。这种预测称为"预备知识掌握考核"或"必备知识考核"。

其次，运用预测来考核学习者对随后阶段/模块/课程中要教授的学习者目标（知识、技能和能力）的先期掌握情况（即，本着"考核排除"或在授课/模块/阶段/课程中减少目标的目的）。这种预测称为"目标掌握预测"或"掌握预测"。其他描述这种用途的术语包括"概况考核"或"掌握考核"。

注意：有时，"诊断性考核"也被交替用以描述上述的预测类型。为避免混淆，在讨论中，当其选用上述名称要指明预测的类型。

3.8.1 必备知识预测的运用

必备知识预测，根据需要在任何类型的教学单元（IU）（阶段、模块、课）之前进行，验证预先目标/任务的掌握情况。如果考核结果验证学习者已经掌握了预备的技能和知识，他们将进入后续的训练。如果学习者没能掌握必需的预备技能和知识（也包括二者恰当的融合），则需要采取相应的措施。措施主要包括：

（1）拒绝接收（不允许学习者参加课程学习）；

（2）在被接收/录取之前加以补习；

（3）有条件录取，将补习和新的训练内容一起纳入管理；

（4）有条件录取，有待在课程内测试中验证能力；

（5）有条件录取，基于学习者有望能掌握材料的相关证据（即，补习中没有浪费资源）。

3.8.2 入门技能和知识考核

这里指不同的课程、阶段或模块的入门能力是不同的；而且，当课程、阶段或者模块之间存在明显的跨度（比如在课程的分散式学习阶段和在校学习期之间有两个月的间隙期，或者在功能训练和功能领域的高级训练之间存在多年的间隙期）。入门技能/知识考核，在不同课程、阶段、模块或课堂第一节课之前尤其重要。

3.8.3 掌握预测的运用

掌握预测，确定随后教学单元（IU）中教授的任务和/或辅助性技能和知识（即学习者目标）的先期掌握情况。实际上，这也是教学单元（IU）考核/后续考核的另一个版本，涵盖相同的目标。在课程、阶段、模块或课堂之前运用目标掌握预测，可以"考核通过"教学单元的部分目标。这是验证掌握程度的另一种思路。

3.8.4 对"考核排除"目标的管理

如果学习者"考核通过"（即已经掌握了）某些教学内容（尤其是对于那些要求个人进步和集体进步相融合的集体进步型授课或教学内容），则考虑以下选择：

（1）允许学习者跳过"已经掌握了"的部分学习内容；

（2）将学习者调到该课程内容靠前的另一个班级；

（3）为学习者提供高级训练；

（4）让学习者担任助理教员/助手/教练；

（5）给予学习者自由时间；

（6）让学习者暂时归队；

（7）给予其他奖励性质的活动。

（8）如果跳过所掌握的内容或朝前循环不可行，建议让学习者担任助手。

注意：如果学习者感觉到目标的掌握，导致不满意或沮丧的后果，那么考核结果就不能对学习者的掌握程度作出有效的衡量。至少，也要表扬学习者成功掌握了预测的目标，并且不要要求他们参加已经掌握了的内容教学。

3.8.5 预测的总体规定

依照训练与条令司令部第 350-70 规定之第 Ⅵ-7-4e 相关条款之规定：

（1）为自主学习的基于计算机制训练编写"掌握预测"题目。但是，如果学习者希望、建议给予跳过预测的选择。此项规定也规定之外的其他合理性判断，则依照主体和文件进行。

（2）在缺乏其他明确的对学习者必要的预测掌握水平产生自信具有说服力的证据时，鼓励采用基于知识的必备知识预测。

① 为避免使用这些预测，训练开发（TD）机构通过其他方式，确定学习者已经掌握了入门所需的技巧，如学习记录、学习者在前面的课堂、模块或课程中的表现等。

② 基于对学习者逐一排查的基础，确定并记录不做预备知识考核要求的充分证据。

（3）如果学习者免于参加预备知识知识考核：

① 通知具有预备知识条件的学习者，允许其有条件参加课程学习。必要时，根据标准操作程序（SOP），告知其他人员（即，该学习者的指挥员/管理者）该学习者的情况。

② 基于学习者预备知识的缺乏，对学习者在学习过程中出现的失败保持密切关注。

3.8.6 操作考核规定

对未经训练人员进行操作预测（无论是知识预测还是掌握预测），有时对学习者本人或其他人都是危险的。

（1）推荐（在没有清楚证据表明预备知识已经掌握时）使用操作预测。如果，仅仅是如果有充分迹象（从风险评估的规定看）表明预备知识测试对人员和装备有害，就是学当学习者试着执行他们不擅长的任务/技巧时，如果对学习者或其他（如装备）有危险，就不要让学习人员去操作，即使考核已经开始也应立即停止。

（2）如果验证预备知识的操作考核不可行，可以从"欠清晰且不那么令人信服"证据来假设已经具备了预备的能力，这些证据可以包括：基于知识的考核结果、管理者评价/同行评价/自我评价、先前训练记录等。

（3）如果掌握操作预测不可行，就要求学习者参加所有训练，直到确信其能安全进行任务考核/最终学习目标考核。

表3-2为对3.8和3.9部分的小结。

表3-2 预测策略小结

如果预测用以：	且预测是	以及	包括	那么预测是
验证预备知识	基于知识的	N/A	没有令人信服的证据证明目标预先掌握	高度推荐
	操作的	目标操作可以安全考核	没有令人信服的证据证明目标预先掌握	高度推荐
	基于知识的或操作的	N/A	有令人信服的证据证明目标预先掌握	没必要
确定目标掌握程度	操作的	目标操作可以安全考核	N/A	高度推荐
	基于知识（设想操作的安全考核）的	教学目标的后续指导是自我进步的	N/A	强制的
		后续指导不是自我进步的	N/A	高度推荐的
针对每个目标	操作的	操作目标无安全考核	N/A	通过手工操作不能完成

3.8.7 预测的施行

两种类型的预测，通常作为一个单独的考核或一系列的考核同时用以考核学生，考核其对预备目标的掌握，也用以考核他们对教学目标的前期掌握情况。每一个终极学习者目标，无论是预备的还是将要教授的，都是基于考核分级标准（不过/通过/熟练掌握）对掌握程度的独立考核。针对每个目标，依照考核结果，采取恰当的措施：

（1）为避免学习者没有具备某阶段的先决条件就进入这一阶段的课程学习，需在进入第一阶段/模块/课堂之前，对所有的预备知识进行考核（也就是说，为了有时间计划或采取补救措施，不要等到要用到预备的技能/知识的时候才进行必备知识预测。）

（2）为避免训练资源浪费，在学习者提出训练计划报告之前，高度推荐使用代理预备知识考核（即，在部队、分散式学习场所或其他批准的场地进行预备知识考核），即在浪费资源之前进行考核。必要时，部队指挥员/代表，或其他负责人，应当确保考核时依照第 8 章的相关规定实施和控制。

3.9　考核设计

3.9.1　考核内容

确定考核哪些内容。

（1）对最终学习目标（TLO）和从属学习目标（ELO）进行分析，确定考核哪些认知技能和哪些运动技能。

（2）列出要执行的任务和考核要覆盖的最终学习目标（TLO）和从属学习目标（ELO）。

（3）其它最终学习目标（TLO）需要单独考核。

（4）充分考核每个最终学习目标（TLO）且每个从属学习目标（ELO）需设置一个或多个考核题目。

（5）考核每个最终学习目标（TLO）和从属学习目标（ELO）所有要求掌握的认知技能和运动技能。

注意：这个过程决定哪些考核/考核题目是操作性的，那些考核/考核题目是基于知识的。

3.9.2　考核时间

确定什么时间进行考核。

（1）通常，考核在课内（确定对某个从属学习目标的掌握情况）或课后进行。然而，也可以在一组课后或一个模块后对最终学习目标（TLO）/从属学习目标（ELO）的逻辑组合进行考核。阶段结束时一般不要求进行考核，但在上述 3.7.3（2）中提到的情况例外。考核的类型（操作考核或知识考核）对逻辑组合有影响。

（2）考核时间的总体规则。

① 通常在每一个最终学习目标（TLO）训练结束后进行考核。

② 对多个最终学习目标（TLO）同时进行考核；此时需确定学习者对每个独立的最终学习目标（TLO）的掌握情况。

③如果一个最终学习目标（TLO）是后续的最终学习目标（TLO）的支撑性技能/知识（预备知识），则按顺序考核这些最终学习目标（TLOs）。先考核支撑性的最终学习目

标（技能/知识），以确定学习者准备好了以此为基础的的最终学习目标（TLO）的训练和考核。

（3）通常，除了要对最初未能掌握的情况进行重测之外，需要对每个最终学习目标（TLO）进行考核，一次作为预测、另一次作为课程中考核了解掌握情况（尽管在那个考核环节中对所要求的行动多次成功的重复被定义为任务掌握）。如果你定义了一个精确的"掌握"标准，学习者达到了此标准，并且此课程是按顺序渐进的，则假设已经掌握了，就能在课程的后续部分运用先前所掌握的知识和技能。然而，如果你希望实现以下目的，你可以决定对同一目标进行另一次考核。

① 强化先前所教授的最终学习目标（TLOs）。

② 验证先前所教授的最终学习目标（TLO）的记忆或掌握情况。

3.9.3 考核长度

如果考核/考核题目和目标相匹配，并能够为作出掌握/没有掌握的判断提供充分信息，那么考核的长度就是足够的。可能有时候仅需要一个迭代就可以确定成功掌握学习目标（LO）。对于其他更多的最终学习目标（TLOs），需要几次成功的迭代（成功次数对尝试次数所占的百分比）来确定掌握情况。被考核的最终学习目标（TLOs）的数目决定知识考核的长度。尽管每个最终学习目标（TLO）/课程建立在前一个最终学习目标（TLO）/课程之上是可取的，但并不需要对每个最终学习目标（TLO）进行分别考核。一个考核可以覆盖并提供多个最终学习目标（TLOs）/从属学习目标（ELOs）的掌握证据。

3.9.4 如何确定题目的数量

从统计学上讲，对每个目标设立 5 至 20 个题目的范围存在很多变数。这么做很容易导致这样一种情况：考核比课程的时间还长。需要在这种观点和实际情况之间做折中处理。一般说来，有 5 个因素来帮助确定每个目标的题目数。

（1）错误归类的后果。把熟练工判定为非熟练工，或把不熟练工划为熟练工，而在考核中引起的费用。一个失误需要的测试题目越多，带来的费用就越大。

（2）考核目标的独特性。目标越特殊，考核需要的题目数就越少。这尤其适合于操作考核。比如，观测者不需要让被考核者用锤子把一颗钉子敲进一块木板 20 次，才确定他具备了完成这个任务的能力，3 到 4 次就足够了。

（3）最终学习目标（TLO）的多个条件。如果受训者被要求在多个不同的条件下，执行最终学习目标（TLO），而这些条件可能会影响操作，那么就需要确定在学习环境中采用哪种条件来进行考核。

注意：如果不可能在多个条件下进行考核，推荐在同样条件下多次重复考核操作，可以更加确定最终学习目标（TLO）的掌握情况。

（4）考核可用时间。对于一个 5 天的研习班，理想的考核应该为一天半，通常不可能安排这么长的时间用以考核。然而，多数情况下，应当保证有充分的时间，以对每个重要目标进行考核。

（5）考核相关的费用。考核的耗费表现为考核雇员能力与支付给雇员薪水之间的平衡。雇员耗费是由于对雇佣人员能力识别不足造成的。雇佣人员能力越低所需的耗费越高，考核中投资的需求越大。

3.9.5 决定考核长度的例子及应用

考核的长度是由第 3.9.4 章中提及的五个因素构成的一个函数。依照目标、课程和资源等，分配给每个因素的权重不同。比如，针对某项专门技能的考核，通常会在单独的条件下进行，由于对此造成错误分类的可能性很小，就可以对此技能运用单一的评估方式。然而，如果评估一个非常复杂的目标，对此造成的错误分类的可能性会很大，且/或不同的条件会影响操作，那么就需要依照目标设定多个考核项目。在任何一种情况，必须进一步确定考核长度，并把此作为时间和费用因素的一个函数。在做决策时，可以咨询行业专家（SMEs）。

3.9.6 考核长度：时间

一般而言，除非考试要覆盖许多最终学习目标（TLOs）（如模块结束/阶段结束/课程结束），否则基于知识的考试不超过 4~5 个小时（记住这是一个知识/技能考核，而不是耐力考核），对于操作项目，则视需要而定，以保证掌握或确定没有掌握。如果操作的重复次数有必要证明掌握或决定没有掌握，就要在重复间包含一个"休息"。如果一个循环持续了数小时，则要有计划地安排修复。仅仅在特定的例子中，耐力是考核条件，或者考核的就是学习者的耐力［例如，陆军体能考核（ATFT）］。

3.9.7 考核水平

在设计考核时，期望的学习水平和考核水平应该相匹配。要将考核水平和体现在每个从属学习目标和最终学习目标行为中的学习水平相关联。

3.9.8 布鲁姆学习水平理论

布鲁姆的分类是一个有用的分类。可以检查考核水平和目标所要求的学习水平之间的匹配程度。布鲁姆对从最简单行为到最复杂行为的认知领域的学习水平分为：

（1）知识——对数据的回忆。问题线索：列举、定义、告诉、描述、识别、展示、标记、收集、检查、列表、引用、命名、选择、陈述。

（2）理解——理解知识和问题的意思、转换、篡改和解释。问题线索：总结、描述、解释、对照、预测、关联、辨别、估计、区分、讨论、扩展。

（3）运用——在新情况下使用概念，或自发进行抽象。将课堂所学的应用到工作场所的新情况。问题线索：运用、示范、计算、完成、举例、展示、解决、检查、修改、叙述、改变、分类、实验、发现。

（4）分析——将材料或概念分解成其构成部分，以便理解其组织结构；区分事实和推论。问题线索：分析、隔离、命令、解释、连接、分类、排列、划分、比较、选择、解释、推断。

（5）综合——将分散的要素组成一个结构或模式。将各部件组合形成一个整体，强调创造新的意思或结构。问题线索：结合、整体化、修改、再排列、替代、计划、创造、设计、发明，如果……会……，组成、阐明、准备、归纳、重写。

（6）评估——对观点或材料进行评判。问题线索：评估、决定、排列、评级、考核、测量、推荐、确信、选择、判断、解释、区别、支持、推断、比较、总结。

3.9.9 对不同学习类型的考核设计

教学的结果主要展示学习者表现，而学习者表现则显示其获得的能力。学习类型通常描述为：智力技能、言语信息、认知策略、运动技能和态度。

（1）评估学习者的表现，确定新设计的教学是否和其设计目标相符合。

（2）进行评估，以了解每个学习者是否达到了教学目标所定义的能力。

表3-3基于不同期望结果（教学的智力技能、言语信息、认知策略、运动技能和态度）的最佳考核方法和恰当活动的范例。

表3-3 学习结果类型的考核方法和活动

学习结果类型	最佳考核方法	能显示目标成果的活动
智力技能 辨别力	基于知识的考核 多选，简短回答	检测异同

学习结果类型	最佳考核方法	能显示目标成果的活动
具体概念 / 定义的概念	构建反应（标记、分类、匹配）	识别例子或例外
规则学习	综合任务或构建反应（简短回答）的表现	运用规则、原则或程序 解决问题 生产产品
言语信息	构建反应（填空、论述题、口试）	口头或书面陈述信息
认知策略	操作考核 学习者向监考人员解释过程（口试）	所作工作的报告或审计追踪 陈述策略和战术以及行动所期望的结果
运动技能	操作考核	执行流畅、及时、协作的行动
态度	操作考核 观测学习者在不同情况下的表现	展示期望的情境行为

3.9.10 针对记忆和学习迁移的设计

教学大纲或者考核设置的不恰当，就有可能存在学习者虽然通过考核，但他依然没有达到教学或训练要求的情况。考核对于考核学习者记住特定的课程材料的程度是有效的，但对于考核学习者对材料的迁移程度则是无效的。比如，在课堂上记住了如何解决某个特定问题的学习者，就可以通过要求解决同样问题的考核题。这个考核检测的是对课程内容的记忆，但却不能解决岗位中出现的新问题。那么这个考核就没有考核到学习者将所学内容转换为岗位所需的能力。

3.9.11 记忆考核和迁移考核的区别

记忆考核和迁移考核之间有着重要的区别。

（1）记忆考核。

要求学习者展示对所学知识和技能的记忆情况包括学习过程中经历的例子和情况。

要求学习者记住学习中所遇到的情况。

（2）迁移考核。

要求学习者展示对所学知识和技能的记忆情况以及将它们运用于未在学习中遇到过的各种新情况、新例子的能力。

3.9.12 记忆考核

记忆考核项目要保密，不得暗示与考试题目一样的题目。

（1）对于记忆考核，教测试不是问题。

（2）如果执行任务只有一种正确方法，那么"教测试"不失为好办法。

（3）在课程开始时即告诉学习者学习目标。

（4）记忆考核要求学习者记住在教学中呈现的内容，这类考试主要有三种形式。

3.9.13 记忆考核的形式

（1）默记。考核题要求学习者准确写出、陈述或操作。要求学习者准确记住所学内容。任何偏差都认为是错误。试题例子：

① 写出水的分子式。

② 陈述移除燃油泵的步骤。

（2）回顾。考核题要求学习者对所学内容进行改述或概述。试题例子：

① 请用你自己的话给术语"discrimination"下定义。

② 示范启动汽车的一个可行方法。

（3）识别。考核题目可能要求学习者看或阅读备选项，并识别出正确答案。正确答案在学习中已经接触到。试题例子：

哪两个燃油泵组装正确？

从列表中选出正确的分子式。

3.9.14 迁移考核

迁移考核要求学习者记住、识别、或回想起学习中所掌握的多个知识技能或运动技能，并将这些技能运用于学习中未遇过的新情况。

（1）比如，学习者必须要用所学的规则去解决需要用公式或特定的程序步骤的新问题。

（2）如果了解了考核题目，并只是在考核中"学会"了这些问题，那么迁移考核是不可能完成的。

（3）在进行迁移考核之前，允许学习者练习同类典型问题。

（4）迁移考核的总体目的，是看学习者是否能够将所学的知识或运动技能运用于解决新问题。

3.9.15　复杂行为的取样

运用迁移考核来检测复杂心理运动技能。

（1）比如，在驾驶员着陆教学中，不可能采用所有可能的起落跑道配置。

（2）一个好的迁移考核就可以从不同类型的跑道配置中抽样，用以考核学习者将所学的心理运动技能迁移到训练中没有遇到过的情况的能力。

3.9.16　迁移考核题目类型及其运用

主要有三种类型的迁移考核题目：

（1）识别。考核题要求学习者观察、阅读学习中没有遇到的备选项，并识别出正确答案。识别考核题目例子：

下面哪个例子代表负加强？

阅读一段文字并选出能表述这段文字内容的答案。

（2）创作。考核题目向学习者展示新的实用例子或情况，要求学习者阐述、给出正确答案或程序。例如：

给出一个课堂中没有讨论过的负加强的例子。

阅读病例研究并陈述该病人的内心失调情况。

选择出最好的对本研究描述的精神病人处理办法。

充当故障检修员检修教学中没有遇到过的装备故障。

（3）应用。考核题目向学习者展示了新的实际问题。要求学习者运用原理和程序解决未遇到过的问题。例如：

阅读一个精神病人研究的案例，应用加强的原理，提出一个管理病人的资源利用策略。针对一个没有在学习中遇到的条件，提出飞机着陆的策略。

洞察工作表现情况暗示，对这个暗示是否是反常或紧急情况的指标作出判断，分析该情况的可能原因。

3.9.17　记忆考核或迁移考核的题目选择

选择记忆考核还是迁移考核，取决于教学目标中的行为类型。

（1）记忆考核利用记忆、回想或识别性考核题目。用记忆考核来衡量教学过程包含的智力技能或运动技能的掌握情况。

（2）迁移考核利用识别、创作或运用性考核题目。

3.9.18 迁移考核设计概述

要对学习中所掌握的概念设计一个迁移考核，需要：

（1）开发出对教学过程中每个概念的例子和例外的列表。

（2）用于考核的例子数目与学习者学习概念的难度相关。

3.9.19 概念考核

概念具有以下特征：

（1）概念包括一类人、事物、物体、或观点。同一类成员具有共同的特征或属性。

（2）同类中的成员个体具有彼此不同的特征或属性。

（3）概念有许多应用实例。不可能把所有的应用实例进行教学。

（4）为考核概念，就需要创建运用概念的实例，并选择实例的样本来运用于考核。

3.9.20 特征（属性）确定概念的例子和例外

依照概念、原理类型成员的特征来选择例子或例外。有些特征是关键的（如，圆形物体滚动），有些特征是偶然的（如圆形物体呈现各种颜色）。概念的例子和例外按照下述方法区分：

（1）例子具有概念的基本特征。比如，对于概念"圆"，转动是基本特征。因为球会滚动，所以是"圆"概念的例子。

（2）例外不具备概念的本质属性，尽管可以与该类中其他成员分享其中不相关的属性。假设所有的提出教学的概念"圆形的"的圆形目标是红的。一个红球是"圆"的例子，不是因为它是红颜色，而是因为它是圆的。一个红的立方体则是圆的例外，它是红的，但不是圆的。

3.9.21 概念的迁移考核

当对概念进行迁移考核时：

（1）确保学生对同类的新成员能做出同样的反应，这些新成员在某种程度上与先前运用的例子有区别。比如，如果在教学中展示的圆形物体是一张留声机唱片，那么考核题可以包含另一个例子，比如一个餐盘。

（2）确保学生能对例外做出正确的不同反应，即便例外具备此类别成员的一些偶然性属性。比如，如果教学中展示的所有圆形物体都是红色的，考试题目中可以包含一个红色立方体的例外。

（3）在教学和参照标准测试（CRT）中应用例子和例外。

3.9.22　运用例子和例外的优势

在教学中应用例子和例外，有助于帮助学生避免两个普遍的问题：

（1）学生学会将所有真正的例子包含到一个类别的成员中，能更好地将所学的东西迁移到工作环境中。

（2）学生学会将一个类别的例外排除在外，能更好地将所学的东西迁移到工作环境中。

3.9.23　挑选例子和例外

准备好一个概念的例子和例外列表：

（1）确定此类别所有成员所共有的关键属性。

（2）确定可能会让学生犯错的偶然性属性。（即，类别成员的一些特征，可能会让学生错误地将例外归类为例子。）

（3）准备一个例外的列表。运用足够多的例子区分每一个偶然性属性，足够多的例外来排除每一个关键属性。

（4）从例子和例外的整个列表中，选择出那些用于迁移考核的例子和例外。

3.9.24　迁移考核开发的因素

要从某个概念的例子和例外的列表中，选择出例子和例外的样本，首先要确定迁移考核需要多大的样本。样本的大小由学习概念的难度确定。学习一个概念的难度受诸多因素影响，但是，对于设计恰当的迁移考核，与以下因素密切相关：

（1）类别成员数。

（2）描述类别每个成员的关键属性的数量。

（3）关键属性和偶然属性的相似度。

3.9.25　迁移考核开发中的因素确定

在选择样本大小时，需考虑以下决定性因素：

（1）确定类别成员的数量。

如果要求学生要区分出一个类别的大量成员，那么样本就需要比那些只有几个成员的类别多多了。一个类别的成员越多，要找出成员间的基本相似性就越难。一个大类别应有二十多个成员。

（2）确定每个成员关键属性的数量。

学生需要掌握的关键属性的数量越大，学生找出此类别成员间的基本的相似性就越难。比如，相对于仅仅依据颜色区分，按照尺寸、形状、颜色和纹理去区分物体要难得多。当有超过三个关键属性时，取样就会变得更加困难。

（3）确定关键属性和偶然性属性的相似性。

关键属性和偶然性属性的相似度越高，学生正确识别出类别成员的难度就越大。当关键属性和偶然属性相似时，对例子和例外的采样就困难。如果关键属性和偶然属性不相似，则采样就没有那么困难。

3.9.26 举例

宇航员根据矿物类型学习矿物分类。假设要进行分类的目标为石英。为正确分类样本矿物，宇航员必须要理解"石英"的概念。此概念涉及多个不同种类的石英（类别的成员）。也有多种关键属性，包括：光泽、硬度、条纹和比重。这些关键属性和偶然属性不相似。（例如，石英的颜色，其中一个偶然性属性，和任何一个关键属性无相似性。）表3-4描述了学习概念的难度因素和相关的样本大小。

表3-4　难度因素

类别的成员数	每个成员关键属性的数量	关键属性和偶然属性的相似性	用于采样的例子和例外数量
少（<5）	少	相异	少
少	几个（<5）	相异	多
少	很少	相似	中等（5～10）
少	几个	形似	多
多（>10）	少	相异	少
多	几个	相异	中等
多	少	相似	中等
多	几个	相似	多

第4章　参照标准测试开发

4.1　参照标准测试开发概述

本章对所有的参照标准测试（CRT）（即操作考核和知识考核）的建构和实施提供总体指导。文中描述了参照标准测试（CTRs）的重要特征，以及如何构建起这些特征。

注：除非特别说明，本章内容适合于参照标准测试（CRTs）的操作考核和知识考核。

4.2　标准考核开发引言

4.2.1　考核开发主要要求

对考核开发，有三点主要要求：

（1）好的考核须能充分考核教学目标。

（2）考核中所要求的操作要和目标所要求的操作一致。

（3）目标确定后就立即着手准备考核。

4.2.2　考核开发过程综述

对于考核开发，须做到以下几点：

（1）检查内容资源，确保你能够针对所有课程的教学目标开发考核。

（2）针对适用于每个目标，确定最好的考核题目类型。

（3）针对每个目标中所有的智力和运动技能开发考核题目。

（4）针对每个目标中所有的智力和运动技能，开发教学大纲覆盖的备用考核题目。

（5）针对每个目标中所有的智力和运动技能，开发教学大纲未覆盖的转移考核题目。

4.2.3 开发参照标准测试

开发参照标准测试（CRT）的过程包括四步：

（1）将目标转换为考核题目。

（2）开发参照标准测试题目。

（3）开发目标评分规则。

（4）试点使用参照标准测试（确认）。

4.3 参照标准测试特征

4.3.1 考核的特征

考核开发过程中，考虑以下六个基本特征，确保每个考核能得以实施，达到考核意图。陆军用以确保基于操作或基于知识的考核题目满足这些特征的过程，称为考核确认或考核的有效性和可靠性。（参见第 6 章和第 7 章，了解建立"合法"考核题目的特定程序）

（1）有效性——指考核能够测量所考核内容的程度。

（2）可靠度——指考核结果一致性的程度。

（3）客观性——即考核除了受所考核行为的影响，不受其他变量的影响。

（4）全面性——即考核对所测内容采用的充分性。

（5）区分度——即考核区分学习水平的能力。

（6）操作性——即考核易于管理、计分和解释。

4.3.2 考核效度的定义

考核效度指考核和考核目的的相关性，是考核最重要的特征。对于参照标准测试，效度指的是考核题目的两个特征：

（1）考核题目直接反映目标的程度。

（2）考核题目取样目标的充分性。

4.3.3 考核题目反映目标

标准参照目标的准备，可以简化参照标准测试（CRTs）的拟制。标准参照目标描述：

（1）智力技能或运动技能执行的条件。

（2）教学后要求学习者具备的智力或运动技能。

（3）智力或运动技能执行的精度和/或时间标准。

4.3.4　考核题目的效度要求

考核题目效度的条件：

（1）要求学习者展示目标中陈述的智力或运动技能。

（2）要求学习者在陈述学习目标时，展现的智力或技能。

（3）依照学习目标中陈述的智力或运动技能标准进行计分。

4.3.5　取样充分

不仅要使每个考核题目有效，而且要使考核本身有效。

（1）整个考核的效度取决于其题目对目标取样的程度。

（2）一个只是取样了课程或单元教学的小部分，而忽略了其余教学内容的考核，不是一个有效的考核。

注意：因为每一个最终学习目标（TLO）和从属学习目标（ELO）都要考核，因此取样对陆军考核不是问题。

4.3.6　考核信度的定义

"可靠性"是考核度量学习者对学习目标掌握程度的一致性。

（1）如果一个标准考核是可靠的，那么掌握了学习目标的学习者总是可以通过，而未掌握学习目标的学习者总是不能通过考核。

（2）如果一个标准考核是不可靠的，因为除了掌握目标能力之外的因素，学习者有可能通过或不通过考核。

4.3.7　标准参照信度的主要因素

参照标准测试（CRT）可靠性的四个主要因素为：

（1）考核本身，包括总体的、特定的考核指令和实施考核的条件。

（2）参加考核的学习者。

（3）计分过程。

（4）考核的长度。

4.3.8 信度和考核实施

对于参照标准测试（CRTs），为达到可靠性最大，必须：

（1）在尽可能连贯的条件下进行考核。这是实施考核的最基本原则。为进一步说明，假设全国高中长跑冠军是通过美国全国高中学生在 12 月 1 日在他们各自校园的跑道上进行的比赛进行挑选，那么对于这样的考核，一致性的条件不存在。跑道的长度和形状不同，跑道表面有草地和混凝土的区别，天气条件有旱有雨，有滑甚至下雪。此次比赛的胜出者并不一定是跑得最快的人，有可能是在最好条件下赛跑的人。

（2）给学习者的指令应尽可能清楚简单。参照标准测试不是考核学生理解复杂指令能力的考核。

（3）告知学习者评分规则。告知学习者是速度还是精确度更重要，是否会对错误作出惩罚，或者是否会对学习者给出正确答案进行表扬等。

（4）写出所有指令，并让指令尽可能完整。提前决定向学习者提供多少信息，并将这些信息包含在书面指令中（参见第 8 章，了解更多关于考核实施程序和指南的信息）。

4.3.9 在考核管理中使可靠性最大化

在考核管理之前和管理过程中，采用以下程序，使考核结果可靠性最大化：

（1）给考核管理人员提供完整的涵盖考核实施所有阶段的书面指令。指令需要包括：

①需要解答的学习者的问题。

②考核所需的装备和保障，以及如何布置。

③不同情况下怎么处置，比如学习者生病，装备故障，或恶劣天气等。

（2）对监考人员进行全面培训。应对监考人员进行监管，以确保考核得以按照规定进行。

（3）确保保障充足，装备状态良好。如果不重视这些因素，可能会导致考核结果的不一致性。

（4）定期检查和校准用于考核的装备和工具，以确保操作的一致性。

（5）让学习者免受那些可能影响考核成绩的极端环境条件的影响。

4.3.10 学习者可靠性的相关因素

学习者本身可能是造成考核结果可信度较低的根源。即便学习者掌握了学习目标，疾病、疲劳、考核压力以及缺乏动力等都可能造成成绩不佳。因此，在考核过程中，要确保学习者休息好，并有一定的处置措施，以让学习者不至于对考核失败过度害怕（一定程度的焦虑是预料之中的，甚至是有益的）。

注意：为更好模拟战场任务条件，出于训练目的，应在实际的演习或操作考核中营造更多有压力的条件。这种压力最好可以通过侵入式情景仿真营造出来，通常（也不一定是）具有现实性（比如忠诚度）。

4.3.11　考核评分的一致性

是指导教师实施考核还是代理监考实施考核，是考核评分不一致的最大原因。对于操作考核，确保评分标准对于每个学习者是一致的。使用多个评分员给学习者打分的方法十分重要。在操作考核中，按照"考核清单"进行评分或按要点给分，知识考核自动计分，可以极大减少考核不一致的可能。

注意：对于学习者自主管理的考核，既然指导老师，或监考老师可能不在场，指令就需要绝对清楚。

4.3.12　评分的客观性

评分需遵守的关键是客观性。为了实现客观性，应该：

（1）设定精确标准，并培训考核实施人员运用这些标准。

（2）制定不受评分者主观的判断或观点影响的评分程序。

（3）告知考核人员评分中需要遵守的规则。

（4）明确说明执行标准。

（5）定义操作成功以确保测量不依靠个人判断。

4.3.13　规范标准

规范标准是客观性和信度的基础，须做到以下规定：

（1）对智力技能规范标准，只有唯一的答案。

（2）心理运动训练要求的标准。

（3）指明学习者是"完成"还是"未完成"某件事情。

（4）指明一个产品是否展示了某些基本属性。

（5）指明某一程序是否在一定数值参数范围内执行。

4.3.14 提高可靠性的其他途径

提高可靠性的其他途径还有：

（1）确保测量工具是精确的，经过校准的。

（2）多个评分员对一个学习者评分，以保证评分程序有效。

（3）找出分数差异的原因。

（4）制定更加具体的标准，以纠正分数的差异。

4.3.15 可靠性和有效性的统计指数

为获得考核和考核题目可靠性和有效性的统计指数，前人设计了不同的统计方法。大多数统计方法不适合参照标准测试（CRTs），即使那些适合的方法，也不是很实用。对操作考核和知识考核的考核题，一种叫做为掌握/未掌握人员区分指数的考核题分析方法被证明是最有用、最实用的。该方法不但可以确保题目一定程度的可信度，还能确保该题目的区分能力。操作考核还有知识考核所没有的一项额外的可靠性、一致性和客观性考量，这种考量被称为评分者可信度。（参见第7章和第8章相关的效度部分，了解程序性指导。其他的可靠性度/有效性统计指数不做强调。）

4.4　将目标转化为考核题目

4.4.1　将目标转化为考核题目

有效的考核题目来源于目标，目标是用以描述：

（1）要求的操作。

（2）操作的条件。

（3）要求的速度/或精确度标准。

注意：附录E给出了考核条目构建对象描述的详细指南。

4.4.2　将目标转化为考核题目的总体方针

为确保每个目标都被恰当转化为考核题目，将每个目标和相应的考核题目相比较：

（1）尽可能具体地确定"对学习者的输入"。

（2）确定"正确的学习过程和输出"。

（3）确保考核题目度量的是目标中说明的学习行为和智力技能，确保操作标准和衡量标准与目标标准是一致的。

（4）对于每个考核题目的额外的"对学习者输入"，应包含和考核目标相适应的考核题目的描述（预测性的或操作性的）。

（5）对于操作考核题目，需注意所涉及的问题是对产品的考核或者是对过程的考核。

（6）具体说明考核题目所需的装备和物资。

（7）具体说明考核题目正确的作答过程，以及每个题目的期望输出，包括对题目评分规则的描述。

（8）对于操作考核，需注意需观察学习者的操作过程，注意什么行为是错误的。

4.4.3　确定操作考核和知识考核题目的总体方针

至少需要两个行业专家（SMEs）来审查操作考核和知识考核题目，这样可以确保目标和考核题目尽可能直接关联。确保：

（1）考核题目要求学习者进行的操作和目标所要求的完全一致，而非其他。

（2）没有含混不清的考核题目叙述。

（3）执行操作的条件和目标及考核题目所要求的条件一致。

4.4.4　命题和复审题目的方针

编写一个考核题目的最大问题，就是把题目清楚地传达给学习者。可以用以下的方针作为一个命题的对照清单。当命题初步完成后，行业专家（SME）应当再次检查。

（1）保持语言简单。学习者理解复杂语言的能力通常不是考核要求的技能。

（2）告知学习者是速度还是精确度更为重要，考核是否有时间限制。

（3）为了清楚地传达，或将考核题目和目标直接相关，可以考虑将图表、照片、视频、音频等教学媒体运用于考核题目。

（4）考核题目不能出现与正确答案相关的暗示。

（5）总的考核指令应包含适合所有考核题目的指令。

（6）为考核管理人员提供清楚的指令。明确对学习者说什么，以及怎么回答学习者的问题。

（7）合理安排，确保安全，既要防止学习者得到计划外的帮助，也要防止考核受到干扰。

（8）关于学习者什么时候不得参加考核，什么条件下（比如设备故障）考核分数无效等，为考核管理人员提供清楚指导。

注意：设计具体类型考核题目的对照表参见第 7 章和第 8 章。

4.5　命题顺序

4.5.1　操作考核优先

一般而言，在命题顺序中，首先需将资源用以开发（操作目标所要求的）操作考核题目。针对要求技能/能力培养的所有目标进行开发，以确定学习者在技能/能力上的实际情况。首先开发操作考核题，因为：

（1）他们对于实际工作最为重要。操作考核题直接考核和实际工作相关的技能/能力。

（2）该考核可以在进行全面训练/考核之前，了解所训练的和所考核的预备技能和知识的情况。同样，操作考核的命题可以突出任务分析过程中的不足（比如，漏掉了的/不必要的技能/知识）以及需要纠正/写入的漏掉的目标。

（3）操作考核还帮助确认和确保最终学习目标的按顺序、渐进的排列，以及全面进行技能/知识的有效构建。在进行下一步之前，和任务分析人员/课程设计人员一起，协同解决混淆不清的问题，或者做出必要的修正/补充。

4.5.2　知识考核次之

完成操作考核题命题（或对目标进行修正）之后，对那些不要求操作考核的目标（即那些纯知识的最终学习目标）编写知识考核题目。可能在命题的过程中，你会注意到关于最终学习目标教学和排序上的一些错误。在进行下一步之前，和任务分析人员/课程设计人员一起，协同做出必要的修正（参见第 7 章，知识考核题目的开发）。

第 5 章　考核开发管理

5.1　考核开发管理综述

前面几章讲述了开发学习者考核方法的指南，本章将论述实施考核开发项目的步骤，包括有效开发学业考核的组织、步骤、决策、质量控制措施等。前面章节中提到的指导方针依然适用于本章，以及后续章节所提到的步骤。

5.2　考核开发项目步骤

开发课程考核文档编制、程序、以及产品必须的最原始的（高水平）的步骤如下。参见 JA 350-70-5.3 了解所有类型考核开发的总体指南。

开发课程学业考核的步骤和相关规定

（1）撰写《课程考核开发项目计划（CTDPP）》（见 5.3）。

（2）组建考核开发小组（TDT）（见 5.4）。

（3）确定课程考核规定和流程（见 5.5）。

（4）撰写课程考核方案（CTP）和学习者评估方案（SEP）（见 5.6 和 5.7）。

（5）编写考核题目并确认题目的有效性（见 5.8）。

（6）编写考核控制措施（见 5.9）。

（7）实施考核计划（见 5.10）。

（8）分析考核结果（见 5.11）。

5.3 课程考核开发项目计划

5.3.1 考核开发项目计划

《课程考核开发项目计划（CTDPP）》是一种特定的《训练开发项目管理计划（TDPMP）》，主要是用以进行学习者能力测试/考核产品的开发。对于新的或修订的课程，可以将CTDPP作为课程/课程修改TDPMP的附录或一部分。

5.3.2 CTDPP的内容

对于任何的训练开发项目计划，CTDPP描述了开发考核的要求（谁、什么、何时、何地、怎么样）、课程学业考核的规定和实施考核工具的必备程序。

（1）谁：根据工作头衔和职责，包括住址和相关信息，列出专职和兼职的所有人员。如果需要多位行内专家，要注意其专业领域。尽可能详细描述并确认参加人员。在允许其加入队伍之前，需要满足必要的训练要求。如果不能确认，纳入TD训练资源评价以完成开发过程。参见5-4，了解更多信息。

（2）什么。确定考核开发的任务、范畴及预期值，并对考核开发要求进行初步的描述。原始数据包括：新的或修改的课程考核计划、学习者评估计划，新的或者修改的考核条目，以及新的管理、考核控制政策、考核程序等。在项目实施中，需要获得或更新以下问题的答案：

① 这是新课程还是现有课程？

② 为什么需要考核开发或修订？

③哪些可用的数据显示需要进行修订？

④ 已经存在哪些规定或程序？哪个需要更新？

⑤ 存在多少个最终学习目标（TLOs）？

让所有小组成员尽可能多了解工程的使命、范围和期望值。由于项目开发受关注，问题需要更加完整的答案。

（3）何时。提供时间线和里程碑。在教学材料确认之前，进行考核开发和确认对于新课程考核开发必须的时间框图，直接置于全部课程和课程修订开发工程必须的里程碑内容中。对于重大修订，还要将考核开发放在何时计划实施新内容的时间表中。考核开发和确认在新内容/材料确认之前进行。

（4）何地。提供所有小组成员的工作范围，包括并列的工作范围。最大化运用分布式和协作式技术。对于更多的步骤，成员的地理分散性可能会导致职责的冲突或增加额外职责，从而分散小组的效率和有效性。

（5）如何。列出开发项目可用的工具和其他非人力资源。包括参考文献、指南、工作辅助、现有的训练和条例手册、当地规定和程序、装备、自动化硬件和软件（包括考核编写软件）等。（参见附录D）

5.4　组建考核开发小组（TDT）

CTDPP确定了有效开发课程考核规定和工具的小组（TDT）成员。所有小组成员必须对他们的角色、对考核开发项目的责任和义务有清楚的理解。TDT主要成员包括：

（1）至少有一名训练开发人员（通常是GS-1750教学系统专家），十分熟悉过程和流程，主要承担开发课程学业考核及其相关规定，他通常担任项目经理或小组长。为提高效率和保证质量控制，建议选用两个或更多的训练开发人员。

（2）内容/技术顾问，由熟练掌握课程训练任务的人员（行业专家）担任。由于需要对不同的内容开发考核，那就应该在考核开发小组中，针对特定的内容领域聘请行业专家（SMEs）。建议针对每个内容领域，明确或指派至少一名全职行业专家和至少一名兼职/随叫随到的行业专家。对于整个工程，要保证人员到位，尽可能安排替换人员。

（3）主要内容（重要任务）任务分析师/最终学习目标编写人员。确保为项目指派了这样的人员，至少是随叫随到的或兼职人员。

（4）审批机构。对不同的产品/过程，需要不同级别的审批。要在CTDPP中确认这些审批人员/办公室，并告知他们的责任。

（5）熟练或不熟练的志愿者（或专门的志愿者资源）。在考核开发计划过程的早期，即确认并核准这些人员。

（6）质量控制、考核题检查、考核确认的其他小组成员。当需要时，将这些人员引入到过程中。你也可以聘请当地的质量评定办公室（QAO）/质保机构（QAE）的代表来担任全职或兼职的官方成员。

5.5 确定课程考核规定和流程

5.5.1 课程考核规定和流程

重要的课程考核规定和流程经过评定、汇编、修改、撰写，最终通过学习者评估方案（SEP）的形式提供给学习者。参见 JA 350-70-5.5 中通过分散式学习（DL）的 IMI（CBT）考核/考核题目设计指南相关内容。在有些领域，已经有相应的规定，并已经形成文件，这些领域如下：

（1）预测。参见 3.8。

（2）考核、重测和补习的次数。可以允许的"考核-补习-重测"循环次数基于：

① 学习方法（比如 IMI），其设计理论上设计了重测数次，直到达到熟练掌握的标准。

② 资源（包括交互媒体/方法、人力资源、可用时间等）。

③ 目前已经消耗的资源（主要指时间，作为对学习者进行人力、物力和财力投入的一个指标）。

④ 补习（再训练）时间。

⑤ 首次考核和重测的时间间隔。

⑥ 重测/循环/再训练的选择和适用性。

（3）考核复议/反馈规定包括：

① 提交程序（时机、方法、时间限制）。

② 决策过程和文件编制。

③ 接受/拒绝行动。

（4）淘汰/开除程序，必须明确说明程序、上诉、决策程序及文件编制。

（5）表彰（优秀毕业生/指挥官特别嘉奖）等。表彰应至少包括确定奖励程序（见附录 C）、受奖人数、奖项的数量。

（6）考核评分规定应包括：程序、边界、掌握标准。

（7）作弊规定应该包括定义、学习者责任、程序及行为。

（8）考核控制（参见第 8 章）。

注意：在一些领域，倡导的学校/训练开发小组可能没有自主权（比如上级司令部，对一些特定的课程类型有相关规定）。

5.5.2 掌握课程考核规定/流程

为确定考核规定和流程：

（1）列举所需的规定和流程（参见 5.5.1）。

（2）收集所有现有的授权给该课程的管理规定和流程。

（3）获得必要的弃权证书。

（4）将可用的规定/流程转移到课程考核方案（CTP）和学习者评估方案（SEP）。

（5）收集/综述相关的规定/流程。从其他课程/倡导者处获取未经授权的规定和流程。

（6）综述/挑选/续订使其可以运用。

（7）通过复审并获得批准通过。

（8）转移到课程考核方案（CTP）和学习者评估方案（SEP）。

5.6   制定/修改课程考核方案

5.6.1 内容

总体上，课程考核方案（CTP）由关于考核内容、考核方式和考核时机的决策构成，包括每个最终学习目标（TLO）的掌握分数/临界分数。与学习者评估方案（SEP）不同，课程考核方案（CTP）记录怎么做出关于学习者评价的重要决策，为什么做出，以及在学习者评估方案（SEP）中提供给学习者的规定和流程来源。

注意：课程考核方案（CTP）不是像 CTDPP 一样的工作计划，是记录考核如何实施的方案，其中包括考核规定和考核相关的标准操作程序（SOPs）。它也不像学习者评估方案（SEP），它可能包括需要适当控制的敏感考核信息（参见第 8 章）。

5.6.2 内容、时机和方式的决策

参见第 3 章和第 4 章，了解有关课程考核的内容、时机和方式决策指南。下段将提供概述信息。

5.6.3 课程考核方案（CTP）的补充方式

对于每一个最终学习目标（TLO），在课程考核方案（CTP）中"如何考核"方面最重要的决策包括是使用操作考核还是使用知识考核；如果采用知识考核，考核题目的具体形式如何设置（短文、补充完整、多选、匹配等）。

5.6.4 确定操作考核或知识考核的工具

使用操作考核或知识考核的主要决定因素是最终学习目标（TLO）的要求（行动、条件，尤其是标准）。决策时，小组选择最好的（最有效、最可靠的）方法来考核最终学习目标（TLO），并不考虑资源限制或外界因素，比如：对学生分级、排序的难易度。（参见第3章、第4章，了解相关的决策指南。）

5.6.5 记录工作辅助 – 质量控制（JA–QC）决策

记录"考核什么"、"何时考核"、"怎么考核"的决策十分重要。基于这种原因，检查跟踪尤其重要，以对这些领域重要决策有个总体了解。对于质量控制（QC），推荐对每个考核开发项目保留完整的检查跟踪文件，并将之附在课程考核方案（CTP）上。

5.6.6 课程考核方案（CTP）/学习者评估方案的关系

决策/规定首次出现在课程考核方案（CTP）中，或作为参考直接被考核方案（CTP）引用［如一个活动的标准作业程序（SOP）］。总结这些信息，必要时重写，并转换为学习者评估方案（SEP）供学习者评述。学习者评估方案（SEP）也可参考其它有关考核规定和流程的文献，只要学习者容易获得这些文献即可。

5.6.7 完成课程考核方案（CTP）

课程考核方案（CTP）的主要部分开始是不完整的，一直到考核/考核题目开发完成，考核标准确定后才变得完整。在完成TDPMP的步骤中，需要充实这些部分。在许多情况下，这些部分可能会随着考核确认、材料确认、原始操作踪迹和后续执行（包括考核评判和分析的引入）而改变。

5.6.8 团队参与

不同程度上，整个开发团队应参与、融入教学开发和主要决策。

5.7 制定学习者评估方案（SEP）

5.7.1 学习者评估方案（SEP）描述

学习者评估方案（SEP）的编写是课程考核方案（CTP）中决策的直接结果。然而，学习者只需要了解课程考核的考核规定、流程与设计决定，而不需要了解课程考核方案（CTP）的全部内容。在恰当的部分，语言和内容应关联学习者的责任。

5.7.2 学习者评估方案（SEP）规定

（1）所有教学课程，无论长短、无论是否有倡导者指导，都需要有经过批准的学习者评估方案（SEP）。

（2）非正式、报告性质或了解性质的简报/材料，未设计任何形式学习者评估，则不需要学习者评估方案（SEP）。

（3）对于需要学习者记住的报告性质或了解性质的简报/材料，强烈建议开发并实施一定形式的评估。在这些报告性质/了解性质的活动之初，无论是否对学习者进行考核，都告知他们总体的学习期望值、流程和规定。

（4）考核公理："教学多重要，考核就多重要（即，验证获得知识/记忆）。"

（5）要确保所有按照训练的系统工程（SAT）过程设计的训练，具备学习者评估工具和相应的学习者评估方案（SEP）。

注意：在某些综合性的多模块课程（通常对于军官教育体系和士官教育体系）中，会有共同的"阶段/模块"和不同发起者创造的部门/军事职业类别（MOS）专门阶段/模块，这就需要向学习者提供两个学习者评估方案（SEP），或者将它们综合到一个文件里。为避免规定/流程的冲突，发起者之间有必要进行协调。

5.7.3 向学习者提供学习者评估方案（SEP）

向学习者提供书面的学习者评估方案（SEP），并在课程开始阶段/进行过程中给他们予以解释，说明课程学习职责。对于非住校学习课程或初级的非住校模块/课，在课程开课之前，给学习者提供学习者评估计划（LAP）（以及解答SEP问题的联系点）。

5.7.4 学习者评估方案（SEP）的内容

学习者评估方案（SEP）至少应涉及下面几方面（通常摘录/总结自课程考核方案）：

（1）管理学习者能力的测量工具和程序。

（2）每次考核的学习目标（LOs）。

（3）咨询辅导和补训规定。

（4）重教/重测规定。

（5）帮扶/循环规定（对于初级入门训练课程，建议给学习者提供描述帮扶/循环过程的流程图，可以让学生清楚了解并遵守帮扶/循环程序）。

（6）训练结业标准（通过/未通过）。

（7）每次考核的通过/未通过要求。

（8）最小的课程出勤要求。

（9）对持续表现不佳界定。

（10）等级调整程序。

（11）确定荣誉毕业生/优秀毕业生的程序（见附录C）。

（12）与美国教学协会（American Council on Education/College Credit）的从属关系。

（13）列举其他的完成课程的非学业评估要求，比如体能考核（APFT）成绩、领导力评估、同伴评估等。

注意：确保学习者评估方案（SEP）反映了条令与训练司令部（TRADOC）的相关规定。只有当没有直接规定时，才允许有自主决策。

5.8　考核题目的开发和确认

5.8.1 按照内容范畴的分配

对于《课程考核开发项目计划（CTDPP）》的这个步骤，通常按照内容领域/模块/最终学习目标（TLOs），将单个题目开发的责权分配给由教学开发人员和行业专家（SMEs）所组成的小组。按照第3章和第4章的描述，关于学习者操作评估方法和工具，包括考核控制程序等，由小组做余下的重要决策。（参见第6章，了解更过关于操作考核开发的具体指导；第7章，了解更过关于知识考核的具体指导；第8章了解更多关于考核控制与实施程序的具体指导。）

5.8.2 螺旋/同步过程

考核题目的开发和效度确认是一个螺旋过程，包括编写、审查、确认、改进、再确认等步骤，直至题目质量满足教学决策的要求。同时，基于小组成员的工作负荷，同时需要开发在多个内容领域覆盖最终学习目标（TLOs）的多个考核。

5.8.3 质量控制（QC）

总体而言，需通过以下步骤确认，来确保考核题目编写步骤的质量控制：

（1）符合本手册指南的合理的考核开发实践。

（2）合理的考核确认。

（3）主题问题和考核设计专家对考核题目的审核［包括质量评估办公室（QAO）和质量评估机构（QAE）］。

（4）由专家和其他的权威进行决策。

（5）按照依据形成决策文件。

5.9　编写质量控制措施

5.9.1 责任

考核开发人员主要负责：

（1）编制、规定所有的管理考核工具的教学活动，并提供必要的指导。依照第 8 章的考核控制措施和指南，确定程序。

（2）在开发过程、效度确认和审批过程中，对敏感材料实施适当控制。

（3）确保预测实施活动敏感材料的安全传递方式（包括与之相关的其他活动之间的协调和指导）。

5.9.2 风险分析

考核工具开发人员应进行风险分析，以便对每个考核工具规定恰当的控制水平，比如在以下基础之上的传递、执行过程的工具：

（1）所用的考核工具类型（操作或知识）。

（2）工具运用方法［比如，教师/评估者/管理者在场（真实或虚拟的）］。

（3）目标人群。

（4）类似对象和考核工具的历史经验。

（5）参见第8章，了解更多指导。

注意：任何特定的考核工具或考核测量敏感性的确定，仅仅由考核开发人员慎重决定。

5.9.3 恰当控制

基于上述描述，对于每个工具，考核开发人员仅需要确定保护考核敏感器材免受不必要损坏的最低水平。

5.10 实施考核计划

5.10.1 考核开发人员的职责

本步骤，考核开发人员负责：

（1）为考核活动实施提供明确的考核控制和实施程序。

（2）准备并提供考核数据收集工具/方式。

（3）获取考核数据和评论。

（4）对考核工具的管理和敏感考核材料的控制进行评估（参见训练与条令司令部手册350-70-4）。

5.10.2 考核管理活动职责

管理活动：

（1）按照考核开发人员提供的指导管理所有的考核工具（如果没有提供，或者有情况出现，马上和考核开发人员联系获得指导）。

（2）依照考核开发人员所提供的指导和第8章的相关内容，执行合适的考核控制程序。

（3）依照考核管理人员和本手册提供的指导，管理考核审查。

（4）管理考核评论工具，并向考核开发人员提供数据。

（5）就考核改进向考核开发人员提供建议。

（6）向考核开发人员咨询涉及复议的问题。

（7）依照第8章相关指导，和考核开发人员协调，制定本单位清晰、详细的考核控制标准操作程序（SOP）。

5.11　分析考核结果

　　考核支持人员要收集分析考核情况数据、考核评论数据和教师提出的建议。考核支持的质量评估办公室（QAO）/质保机构（QAE）办公室或其他考核开发人员对考核情况数据、考核评论数据和教师提出的建议进行编辑和分析。在数据编辑、分析、解读过程中，以及随后对考核工具、考核材料和考核实施过程的改变/改进决策中，建议至少要咨询质量评估办公室（QAO）/质保机构（QAE）以寻求帮助。如果考核开发小组（TDT）不复存在，建议该小组的修订人员（主要是教学开发人员和行业专家（SMEs））推动考核工具、产品和程序的整个进程。

　　注：尽管实际的测试考核开发小组可能不以独立的、明确的机构存在，但该小组[协同本单位的质量评估办公室（QAO）/质保机构（QAE）]要确保数据的有效收集与分析，实施程序改变，和过程界定，并使之制度化。

5.12　考核开发管理质量控制（QC）

5.12.1　考核开发小组质量控制（TDTQC）

　　确信可选人员能够充分发挥其作用，履行其职责。如果有怀疑，同时增加对其资格和在位情况的检查，必要时进行重新分配。甄别并吸纳候补人员/替换人员，获取和确信小组人员的引进与无条件管理，开发、批准所有小组成员的个人角色/职责。

5.12.2　考核规定和流程

　　通过以下方式保证质量控制（QC）：

　　（1）必要时，对小组成员、质量评估办公室（QAO）/质保机构（QAE）人员以及其他规定/流程进行及时评述。

　　（2）对规定和流程进行详细归档，为必要的附加规定提供合理依据。

　　（3）了解弃用规定必要的情况/例外情况。

　　（4）由合适的专家和权威做出决策。

5.12.3　课程培训计划（CTP）

小组全员对课程培训计划（CTP）实施质量控制（QC），至少由两名开发人员对计划进行评述、对资源归档，并为作出/推荐的决策、为完全决策者的接收和引进提供合理依据。

5.12.4　学习者评估计划质量控制（QC）

学习者评估计划质量控制流程包括：

（1）保持监管的一致性；

（2）核实课程训练计划（CTP）中的必要项目，体现在学习者评估计划（LAP）中。

（3）利用其他课程，找出与学习者评估计划（LAP）不匹配的内容。

（4）评估质保机构（QAE）/质量评估办公室人员。

5.12.5　质量控制措施

为确保对本步骤结果进行质量控制，必须贯彻第8章的相关指南；确保由恰当人员进行评述；将风险分析归档，并由恰当决策者批准，对小组决定提供合理依据。

5.12.6　考核开发人员实施考核计划质量控制

考核开发人员通过以下措施确保本步骤的质量控制：

（1）运用考核执行和指南的检查清单。

（2）制定考核开发过程评述和接收的合理分级方法。

（3）评估考核管理行动的执行指令、考核控制、数据收集产品和程序的执行。

（4）收集、分析并（如有必要）吸收学习者和教师对考核工具和材料以及考核管理程序的反馈。

5.12.7　对质量管理行为的质量控制

参见以上5.12.5所列的职责。同时，由考核控制管理机构对考核控制和管理程序的自我评估将有助于执行中的质量控制。

5.12.8　分析考核结果

对考核情况数据、考核评论数据和教师提出的建议的收集和分析是一个连续的过程。

有能力的教学开发和内容专家会确认这些的建议的有效性，并取得相关权威人员的授权。当需要时，初始化/重新开始考核开发过程。对于关键的直接改变，用快捷的手段先对管理活动给出临时指导，后续进行修订发布。

第6章 操作测量/考核的开发

6.1 操作测量/考核综述

本章论述开发和确认操作考核题目程序的相关细节（操作考核题目也是第5章考核开发过程中考核/考核题目编写和确认的部分内容）。在操作考核题目开发过程中，依照第3章和第4章的指南，作出并实施特定的操作考核开发决策。

注意："操作考核"和"操作考核题目"同义，因为每个"题目"通常是一个单独的操作，考核一个单独的最终学习目标（TLO）。

6.1.1 引言

广泛认为，了解一个工作和执行这个工作存在根本的差异。"了解"确实是正确完成一项复杂工作的基本要素，虽然这是很好完成工作的一个必要条件，但这并不是充分条件。即使人们在书面考核中可以很好地蒙猜，但要求他们接受操作考核，就很难蒙混过关。操作考核的最大优点，在于其（测验题的）表面效度（能适当表达教学大纲基本要点）和可信性与岗位工作本身极度相似。通常，操作本身也就是工作样本，即执行一项实际的工作，只是没有在正常的工作环境下而已。除在岗实际度量外，没有其他考核能像操作考核一样有效。

6.1.2 授权

依照AR350-1，所有陆军考核（也就是说，根据任务分析所确定的考核，无论是直接考核操作，或是考核操作所必需的知识）都是以操作为导向的。对于展示技能的掌握程度，操作考核总是优于知识考核（预测）。

6.2　操作考核开发简介

6.2.1　操作考核概述

操作考核是精确评估一个人整体能力的最好方法。为开发良好的操作考核题目，要确保目标足够具体，尽可能确定考核的逼真程度，确定评分程序，写出考核题目和指令，确认题目和指令，获得批准，更新课程考核计划和学习者评估方案（SEP）等。应注意，上述的一些步骤在执行中不一定是线性的。因为对于几乎所有的考核开发过程，都采用螺旋式的开发，修正和改进要回到前一步骤进行。

6.2.2　操作考核和知识考核的重要区别

参见 3.5，回顾操作考核题目的关键因素。

操作考核要求学习者执行一项公开的行动或一系列的行动，而不是口头陈述或是书写（除非所要求的操作是口头或者书面的）。表 6-1 对书面考核题目和操作考核题目进行了对照。

表 6-1　书面和操作考核题目之间的主要区别

书面考核题目	操作考核题目
主要是抽象的或文字的	主要是非文字的
题目涉及知识和内容	题目是技巧、操作和 作出相关的决策
题目通常是独立的	项目是顺序给出的，前面的错误会影响后面的项目

6.2.3　考核开发步骤

相关考核开发步骤参见 6.3-6.5 和 6.9-6.11。

6.3　收集文件

6.3.1　考核开发的前提

要启动操作考核开发，就要收集并获得所有必需的文件、政策和程序。

文件分为 6.3.2，6.3.3，6.3.4 三大类。

6.3.2 考核开发助手/指南

对考核开发人员、内容专家和质量控制（QC）人员的总体的操作考核开发的指南，包括（但不局限于）考核/考核题目开发。

（1）工作助手。

（2）检查清单。

（3）命令/训练与条令司令部（TRADOC）的程序性指南［比如，训练与条令司令部（TRADOC）规定、手册、工作助手、交互式多媒体教学（IMI）实施指导、学习目标设计规范等］。

（4）部门命令（MSC）/训练与条令司令部（TRADOC）的政策指南［比如，训练与条令司令部（TRADOC），部门命令（MSC），陆军规章制度和部门规章制度等］。

（5）考核项目"样题"。

（6）软件（参见附录D）。

6.3.3 政策和程序指南

与课程培训计划（CTP）和学生评估计划（SEP）相关的政策和程序性指南（参见5.3-6.7）。包括课程政策和程序开发所必需的参考资料和现有指南。

6.3.4 条令和其他现有资料

条令、现有的教学资料和系统性训练方法（SAT）文件，包括所有的工作/任务分析文件，学习目标（LOs）等，从中可以开发教学内容的条令材料、以及源于其他课程的类似教学材料。

6.4 选择/审查/修订操作目标

6.4.1 操作性学习者目标（LOs）期望

无论是开发书面考核还是操作考核，关键任务不是决定考核什么［即，最终学习目标（TLOs）］，而是决定如何能最好地考核目标。通常，操作目标清楚表明要演示什么操作、如何判定操作正确、操作条件以及熟练掌握所需的操作重复次数等。（如果操作目标包括所有这些要素，那么操作考核开发人员的任务就非常清楚）——在考核题目中，尽可能逼真地复制目标所要求的操作，并将之置于目标所要求的条件（或条件样本）中，并运用目标标准评估此操作。

注意：与之类似，教学材料开发人员的任务也很清楚，即，提供能复制学习目标的行动和条件的学习机会，并带领学习者达到目标标准的水平。

6.4.2　现实性

不足的是，当考核开发小组（TDT）收到的学习目标（LOs）不够详细具体时，小组就不可能立即启动考核开发程序。如要求学习者完成训练后执行什么活动、训练中期望达到的／可能的标准或目标与重要的操作真实任务匹配的程度，可能存在说明不清的情况。一定程度上，可能会导致在此条件下或者按照陈述的标准进行训练和考核不可行或者很危险的情况。在任何一种情况下，如果学习目标（LOs）不清楚／不可以用于训练（见附录E）协调学习目标编制者进行修改。一个好的操作测试题目的绝大部分设计不要依赖学习目标（LOs）质量。

注意：不能从劣质目标设计考核题目。应先修改目标，然后设计相关的考核题目。

6.5　设计操作考核题目

6.5.1　设计操作考核题目的步骤

设计操作考核题目，需要：

（1）确定是否需要度量结果或过程，或者是结果、过程同时度量。

（2）编制结果和过程度量检测清单（参见6.7）；

（3）确定评分程序（参见6.8）。

6.5.2　确定仿真程度

通常，再造真实工作场景或者提供实装是不现实的。然而，可以通过各种方式模拟关键的工作要素，以达到训练和考核的目的。比如，要求电子技术人员在模拟装备上检测线路，找出并维修故障。虽然其中一些工作场景的实际情况没有达到，但是关键工作要素，即复杂电子设备部件的布线，是可以实现的。因此，这项考核可以认为是实际任务的真实再现。

6.5.3 逼真度

学习目标（LO）、实际考核题目和实际工作操作之间的匹配称之为逼真度。学习目标（LO）应当和工作所要求的操作保持很高的逼真度（匹配程度），要确保考核题目和学习目标（LO）之间高度的逼真度。

6.5.4 影响逼真度的因素

要确定逼真度，需考虑的因素有：要求执行一项特定任务的时间、所要求的设备类型，以统一（或标准的）方式呈现任务的能力、设备或人员受损的风险，以及高度客观评价一个人实际操作水平的能力等。这些认为是考核题目逼真度的现实约束，要按照一定顺序折中。不要求执行一项复杂任务，而是将考核局限于该任务的一两个阶段，比如仅仅准备了一个生物标本，却要识别更大量的组装好的标本。

6.5.5 用于考核操作的计算机仿真

尽管对心理运动任务操作的计算机仿真经常用于替代实际装备，但它有优势，也有劣势。其仿真的价值和模拟真实任务的能力成比例。比如，如果任务是在计算机上，或者在计算机辅助下完美逼真地执行，那就不需要去寻求实际装备。对于程序性的装备任务，计算机仿真是最适合用来确定学习者是否达到在实装操作水平的手段了。如若设备模拟没有达到很高的逼真度，能力认证应当在实装上进行。

（1）计算机对心理运动任务操作仿真的优势在于：

① 保护装备和人员免受损失，而这种损失对于实装是不可避免的。

② 电子记录动作错误以便复查。

③ 易于模拟多种故障/情况。

④ 可以融入游戏因素以达到激励目的。

⑤ 将物体缩放到合适的尺寸。

⑥ 可以确定学习者是否达到进行实装操作的水平。

⑦ 可以节省装备用于作战。

（2）计算机对心理运动任务操作仿真的劣势在于：

① 只能提供三维设备的二维展现（除非是全息的）。

② 不能训练动作的感觉（没有触感反应）。

③ 学习者感受不到正确操作的紧迫性和关键性。

④ 和实物尺寸不符。

⑤ 不能观察／记录态度。

⑥ 不能提供与真实操作的最近似的操作。

⑦（如果有实装可用）开发高品质的模拟装备成本更大。

6.6　确定结果度量或过程度量

操作考核中，学习者实际操作一项任务，并根据既定标准进行评判。操作考核可以是结果度量、过程度量或二者同时度量。工作助手 350-70-5.6a 对编制操作考核提供了指南。在制定考核计划时，要依照以下几方面确定学习目标是否要求度量：

（1）活动能产生实在的、可测量的结果。

（2）无论产生什么结果，只有一种可以观察的过程。

（3）既有结果又有过程。

6.6.1　结果度量

如果目标规定了结果，宜采用结果度量。要求用结果测量时，将其并入到教学目标（LO）中，并将其贯彻到考核题目中。工作助手 350-70-5.6b 对度量结果的操作考核提供了范例。一个例子是：从 A 点航行到 B 点，在以下情况使用结果度量：

（1）目标规定了结果。

（2）目标的存在或者特征可测，比如电压、长度等。

（3）产生结果的程序在不影响结果的情况下可以不同。

6.6.2　过程度量

当目标规定了可以观测到的操作顺序、且过程和结果同等重要时，采用过程度量。当出于安全或其他制约因素，结果不可度量时也宜采用过程度量。工作助手 350-70-5.6c 对度量过程的操作考核提供了一个范例。当以下一个或多个条件满足时，宜采用过程度量：

（1）期望得到详细的诊断信息。

（2）过程完成时没有结果或者结果不可测。

（3）最终结果不一定只是过程的结果（如，执行挽救生命的步骤），或最终结果依赖于人的活动或者依赖于超出学习者控制的过程。

（4）结果始终服从过程，但高费用、高风险或其他实际约束限制了结果度量。

6.6.3 结果、过程同时度量

存在这样一些情况，对于一个既定目标，存在结果度量、过程度量都适用的情况。工作助手350-70-5.6d提供了度量过程和结果的操作测试示例，以下是要求同时度量结果和过程的一些情况：

（1）尽管结果比过程更为重要，但存在一些关键步骤，如果不能正确执行会损坏装备或伤害人员。

（2）结果和过程同等重要，但不能认定结果达到了标准水平。

（3）需要诊断信息。

（4）要求过程和结果度量，以确保获得为什么结果没有达标的信息。

6.6.4 对过程、结果度量计分

对一个具体目标的过程和结果度量时，打分必须遵循目标所规定的准则或标准。如果标准只规定了结果，那么就不要采用过程分数来评估标准的实现程度。

6.6.5 结果、过程度量的作用

三种类型的任务可以说明结果与过程度量的相关作用：

（1）结果是过程的任务。这类工作相对较少，例如：操练、庆典、演奏乐器、公共演讲等。

（2）结果始终在过程之后得出的任务。比如固定程序的任务就属于这类任务。如果正确执行了过程，就随之产生结果。比如，按照正确的过程将降落伞进行打包，就会形成一个正确打包好的降落伞包（即结果）。

（3）过程可能会影响结果的任务。多数任务（工作、作业）的情况是，过程似乎是正确的，但结果没实现。原因有两方面，要么开发人员没能充分说明必要的和详细的任务执行步骤，要么是不能准确度量他们。比如，步枪射击，即使保证按照所有步骤会执行，也不能保证成为达标的射手。这种情况下，过程度量不能替代结果度量。因此，如果存在不确定性，仅仅通过过程度量是不能合理度量实现结果的能力，要增加结果度量。

6.7　为结果和过程度量准备清单

6.7.1　运用

检查表利于对执行详细步骤进行打分定级，也是对操作技能进行分级的简单方法，这时候目的是观察学生是否已经达到了操作的最低要求。表 6-1 是对飞行熟练程度的打分表格，说明每个步骤是否合格。

表 6-1　仪器飞行清单

项目编号	任务	计分（＋或－）
1	保持与跑道成 5 度角持续前行	
2	保持 50 英尺高度悬停	
3	在行进方向做 10 度内计时转弯	
4	在 50 英尺高度内急转弯	
提示：如果操作合格，在相应的位置标记"＋"，如果不合格则标记"－"		

6.7.2　开发过程清单

当准备评定过程的清单时：

（1）避免把步骤合并在一起。例如：如果在前面步骤没有成功完成的情况下不可能完成步骤 6，而清单可能没有要求度量那些步骤。要从最符合逻辑的步骤开始。在利用这种技术时，要尽可能避免掩盖了关键步骤。

（2）确定适用的时间标准、定性或定量标准。过程作业中，所有或部分要素可能会需要评价。

（3）不要因为参考资料给出了顺序，就简单地采用过程测试。从安全性和保密角度来说，确保顺序对人员或设备是重要的。

（4）对每个考核要素制定通过／不通过的标准。

（5）按照评估顺序安排步骤的顺序。

（6）保持操作步骤说明简单、准确。

6.7.3　开发结果清单

当准备评定结果的清单时：

（1）在编写考核题时，要明确最终结果的特征。按照下面术语（不一定全部用）来表述标准：

① 形状

② 公差

③ 强度

④ 紧密度

⑤ 时间

⑥ 位置

⑦ 纹理

⑧ 一致性

⑨ 功能

⑩ 速度

（2）明确作为操作要素的结果特征。

（3）确定每个操作要素和整个最终结果通过/不通过的标准。

（4）准备评定过程/结果组合考核清单时，需要对两种考核形式的指令进行组合。无论哪种类型的考核，要确定关键要素的度量（即，那些对于完成、安全十分重要的要素）。

6.8　确定操作度量/考核的评分程序

标准化考核使其有多种评分形式。而参照标准测试（CRT）的目的就是要通过与绝对标准相比较，区分掌握的情况。

6.8.1　考核评分程序的类型

有许多不同类型的考核评分程序。对于具体的考核，在选择适当的评分方法时，要考虑所要求的任务和/或结果的复杂程度。常见的参照标准测试（CRT）评分包括：

（1）辅助评分。

（2）通过/失败评分。

（3）固定分数体系。

（4）评分标准。

6.8.2　辅助评分和无干涉评分

考核中，学习者通常按照从头到尾的顺序完成考核，出题者不会给予任何评论或行为（无干扰）。这种评分类型通常要求完成一系列步骤，或要求形成预定结果的考核。但是，有些考试要求对过程中的每个步骤进行打分，在每一步骤，学习者在进入下一步骤之前，对学习者的操作进行批准（评分为"通过"）或提供辅助（评分为"不通过"）。辅助评分主要出于诊断原因。然后补习训练主要集中于遗漏步骤，以节省重训时间和经费。比如，在一个 6 步程序的第 3 步出现许多差错，就意味着这一部分教学还需要改进。

6.8.3　辅助方法举例

初步训练后，食品服务课程目标可能要求考核学习者准备一个大餐的能力。这里，适合对这一餐的计划、准备和服务的每个步骤进行观察，在观察中纠正并记录差错。如果整个程序正确，则对结果度量记为"通过"。观察的差错表明学习者需要在存在差错的步骤进行额外的训练。采用辅助评分法不仅获得了诊断信息，还"节省"了一顿大餐，即做出了这顿饭。接受辅助的学习者虽然在考核中"不通过"，但这将在重测之前的额外训练需求减少到了最小程度。在这种情况下，考核场景实际上是另一种有助于掌握的绝好教学活动（或另一种有反馈的实践）。

6.8.4　通过－失败评分

通常，对操作考核采用无干扰评分法。最简单的无干扰评分是"通过－失败"评分，通常用以对简单、客观的"硬技巧"程序和结果进行评分。由于评分要么为"通过"，要么为"失败"，其操作行为（或复制/创造的结果）就应该和目标所规定的完全一样。这种题目本质上是对目标标准的一种可观测性表达。对于题目的操作要么达到标准，要么没有达到，不存在"灰色"区域。"通过－失败"评分的例子包括：

（1）受训人员被要求在 10 分钟内检测并更换无线电设备的一个故障晶体管。

（2）M–103 榴弹炮副炮手的职责是利用瞄具设定射角，然后射击。要求的过程为：

① 转动计数器手柄到适当读数位置。

② 抬高或降低炮管，直至视具中水泡处于水平位置。

③ 按命令拉动系索激发火炮。

出于精度考虑，该任务要严格检查，只有在上述环节没有出现任何差错时，才可记为"通过"。

6.8.5　固定分数评分

固定点评分是参照标准测试（CRT）评分的另一种类型。

（1）当被评分的任务或结果分为可以在数量上进行区分多个等级时，适合采用这种评分类型。比如，题目可能要求符合特定公差的修正值。受训人员将其准确调整到容限，可以得到 4 分，调整值在 ±0.001 英寸范围内可得 3 分，调整值在 ±0.002 英寸范围内可得 2 分，调整值在 ±0.003 英寸范围内可得 1 分，调整值如果超过 ±0.004 英寸，则不得分。

（2）固定点评分的另一种类型是对任务的各个步骤采用"通过－失败"决策。比如，要求受训者检修化油器，该任务的不同步骤被分配不同的分数。表 6-2 提供了一个运用分值体系，"通过－失败"分值表的范例。

（3）4 分表示该任务的所有步骤都正确完成。如果一个受训者不能正确更换喷嘴和浮子，但是完成了第 1、2、4 步骤，那么得 3 分。一个考核可以考核多个任务，每个任务可要求多个步骤（子任务）的操作。

表 6-2 "通过－失败"分值表实例

步骤	分值	任务描述
1	1	正确分解化油器
2	1	正确清洗化油器
3	1	正确更换化油器的喷嘴和其他部件
4	1	正确组装化油器

6.8.6 利用清单评分

通常用清单来进行评分。对所有目标所要求的行为（结果）都予以明确定义。如果目标涉及结果，可以通过将受训者的结果和样本结果相比较后评分。比如，如果目标是要求修补、打磨、刷漆一个有坑的金属表面，并要求达到一定的车间标准，那么每个完成了的产品（即刷了漆的表面）就要与标准产品进行比较。最高标准是光滑、平整的金属表面。如果受训者的产品与此类似，就可得到 4 分。低一级的标准为表面光滑、平整但有轻微波痕，如果受训者的产品达到这样标准，可以得到 3 分。接下来就是 0 分标准——即所完成的金属表面很糟糕，不能计分。

6.8.7 评分类型

采用适合于目标的评分体系类型。

（1）如果目标规定了活动或结果，运用"通过/不通过"评分体系（无论是行为是否按照恰当的顺序与否，或是有无产品结果）。

（2）如果目标规定了结果或活动的标准特征，那么采用分级计量或指定分值。指定分值由每个题目明确清楚地界定。

（3）对于分级计量，内部的可靠性高。将分数的分配和目标所规定的标准等级联系在一起。

6.8.8 分界分数点

分界点水平应该反映目标所要求的掌握程度。因为除了能力之外的其他因素（如不仔细造成的失误、测量误差等）也会影响个体的分数，临界水平一般都会低于100%。例如，要求掌握两个4位数的乘法，标准可以规定为在5分钟内完成10道题，应该至少答对8道题。那么分界点8（低于8就是失败）就反映了掌握程度定义的任意性。而真正的掌握要求10道题全部答对。

6.8.9 操作考核熟练掌握分界点的确定

尽管编制的操作目标对操作标准提供了广泛的数据，但有可能还不完全。比如，没有提供要精熟掌握所需的成功重复次数（一次是否足够？）。或者，没有指出所有可能的操作的条件（一组条件是否足够？）。需要利用行业专家（SMEs）判断需要什么样的证据来确定精熟掌握，例如：

（1）作为精熟掌握所必需的反复次数。

（2）确定精熟掌握的考核条件的数量。

（3）要达到的分数（时间、偏差）。

6.8.10 一致意见

整个考核开发小组（TDT）应当参与精熟掌握标准的确定，但是行业专家（SMEs）的观点，以及考核开发人员的建议，在决策过程中占主导地位。行业专家（SMEs）必须就需要收集什么证据以确定熟练掌握训练内容达成一致意见。如果不能达成一致，就需要吸纳第三方行业专家（SME）来达成一致。

6.8.11 精熟掌握的分类

在关于精熟掌握标准的决策中，要使考核设计小组充分认识到以下错误分类的成本：

（1）错误地将掌握划定为未掌握（称为错误的否定分类）。

（2）错误地将未掌握划定为掌握（称为错误的肯定分类）。

6.8.12 根据错误分类的成本设置临界分数

如果错误否定的成本相对较高（如人员需求迫切）那么就要降低分割点；如果错误接受的成本较高，那么就必须维持高的分割点。多数情况下，对于训练战时关键任务，错误接受人员和任务的代价更为严重。前一种情况下，将未掌握确定为掌握，可能会直接给人员、装备、或关键任务的完成带来风险。在后一种情况下，其结果仅仅是再按照标准进行补训、造成部署到战场的资源的滞迟等。前一种情况下，错误接受没有掌握的人，会将人员、装备或关键任务完成置于危险状态，后一种情况的后果只是再按照标准补训、造成部署到战场的资源的滞迟等。因此，对于多数的操作学习者学习目标（TLOs），掌握标准设置得非常高，以避免将未掌握的人错误划定为掌握的人。任何情况下，在考核关键任务的操作时，临界分数设置的高度要充分反映目标中对关键任务所规定的标准。

6.9 编写操作考核说明

6.9.1 给参加考核者的指令

一旦对操作考核程序、说明、设备和评分方法都满意了，就需要为参加考核者准备详尽的指令。对考核指令的基本要求是完整、明了，以书面形式提供，如有必要还需包括图表和图片，以向教师/管理人员、观测者/评分员充分描述考核的环境。工作助手350-70-5.6e提供了示例操作考核的指令和清单。

6.9.2 给教师和/或考核管理人员的指令

为考核管理人员提供详细的指令，确保教师能够在测试内容中以标准的方式将指令运用于准备、实施和考核阶段。对教师和/或考核管理人员的指令需：

（1）提供需要遵守的精确程序。

（2）列举所需装备。

（3）指出危险因素或者强调可用的安全防护措施。

（4）告知教师如何准备装备开展练习。

（5）明确评分规则（尤其是详细指出是用辅助评分或是非辅助评分）。

（6）说明教师/考核管理人员应当回答或不能回答学生的哪些问题。

6.9.3 给观测者/评分员的指令

有些情况下，考核实施人员只管实施考核；有单独的观测者/评分员对学习者进行评分。在这种情况下，需要制定一整套的有别于考核管理人员的指令，精确规定观测者/评分员的职责。这些精确指令包括：

（1）观察什么（即，期望执行的操作）。

（2）怎么记录观察内容（即，清单、笔记）。

（3）怎么汇总并发布观察情况。

（4）是否要和其他评分员讨论观察/评分情况，以达到评分的一致性。

（5）要给学习者提供什么样的指导/指令。

（6）和考核管理人员相比，他们的角色是什么。

6.9.4 给示范人员的指令

一些操作考核中，示范人员可能有必要执行某些活动为学习者提供演示。示范人员直接按照设计人员提供的书面脚本执行，而在任何的考核情况下不可偏离脚本（即，从示范人员到学习者）。为此可能需要进行必要的排练。

6.9.5 给学习者的指令

在非常简单的情况下，给予学习者口头指令。

（1）比如，要考核音乐家的能力，给他提供一张乐谱，请他演奏。然而，这种不统一的指令可能会导致考核条件的非标准化。教师可能会给个体提供详略不同的指令，或者会不经意地省略了一些重要内容。

（2）为了避免此类事情发生，需逐字逐句为学习者阅读书面指令，或者向学习者提供书面指令。这些指令须包括：

① 考核目的。

②（如果有）时间限制。

③ 提供的装备。

④ 期望学习者达到的要求。

⑤ 专门的安全警示。

⑥ 关于考核如何评分的信息。

注意：有些情况不需要其中的一些条目，但是在省掉信息之前，要对每种情况作出周密判断。

6.9.6 指令的用词

在编写指令时要周密，不可泄露、也不应泄露程序线索。指令中包括对前面任务正确操作的不要有暗示，在前面的程序中也不能提供正确结果，敏感的考核者会利用这些不应该有的线索，导致相较于其他学习者的不公平优势。这种优势不是执行既定任务能力的差异，而是在于"应试技巧"和阅读能力的差异所导致。

6.9.7 评分指令

对于每个操作性的最终学习目标（TLO），都要制定一个带评分指令的评分表格（清单）。该表格高度个性化，规定了对受试者的所有检查点/步骤。这些检查点的确定非常重要。在确定检查点时，需考虑：

（1）包括所需的所有点，以确保全面覆盖目标中规定的所有活动，提供能充分说明学习者能否按照目标的标准执行活动的充分证据。

（2）检查点太少，可能会导致一些因素被忽略。

（3）检查点太多则可能导致轻重不分。

（4）运用太多的检查点可能会给评分人员带来不能完成的负担。会要求他们一次观察太多的内容，在给太细的操作内容评分时，有可能会错过一些重要的因素。因此，在指定评分表格时，需要有选择、有侧重。

（5）选择对成功完成操作有重要意义的项目，选择具备能高度客观观察、判断的项目。

（6）某些检查点可能要求观察者检查多个项目。比如，在物理项目中使用伏特表，就不但要求确保线路的正确连接，而且学习者要正确读数。事实上，许多情况下，可能会要求在不同表格中记录表盘设置和读数。

6.9.8 将所有的安全项目纳入检查点

在检查表中，从安全角度，应该包含并评估所有的重要步骤。比如，在执行一项操作中，要求戴上防护眼镜，那么包含的检查点就有："学习者带上了防护眼镜：是_____不是_____。"如果没有戴，则不允许继续操作。

6.9.9 "得分或不得分"评分规则

如果观察者连续进行质量判断，度量过程的效能就会显著下降。经验表明这种操作考核情况下，等级评分并不适合。最好是在每个检查点按照"得分－不得分"的原则设计评分。

6.10　考核/考核题目的确认

6.10.1 构成

操作考核的确认有四个主要内容。在进入下一阶段之前，如果需要，则可以进行修改，但在基本执行中，按照大致的顺序，分为以下阶段/部分：

（1）内容确认。

（2）说明检查。

（3）题目试做。

（4）掌握/未掌握试验。

6.10.2 确认内容效度

在初步完成考核题目和说明的起草后，将考核中要求的操作和目标中的操作进行比较，确认考核题目的内容。然后，将考核的条件和学习目标中列出的条件进行比较。最后，将评分表/清单与学习目标标准进行比较，确定标准在确定掌握/未掌握时的合理使用。应当包含题目开发过程中，考核开发（TD）人员和行业专家（SME）所作的主动检查，以充分完成此步骤。

6.10.3 对指令的检查

对于每个项目，是SME而非其他参与开发的人员，应该审查所有执行指令（包括对管理人员、对观察者/评分员和示范人员的指令）的清晰性、易理解性以及完整性。行业专家（SME）还应当审查对学习者的教学情况，而学生参与试验会提供更多信息。在个人试验之前进行必要的修改。将检查的内容和结果归档。

6.10.4 教学中的个体尝试

采用下面步骤进行个体的尝试：

（1）从可能的实施项目的人员中选择管理人员、观察者/评分员及示范人员。

（2）找到一名没有经过训练的符合目标特征的志愿学习者。经过训练但没有经过测试的志愿者是最好的，但难度比较大。

（3）在确定考核过程中给管理人员/示范人员提供和正式考核过程完全一样的指令。如果参与者收到书面的管理人员指令，且没有机会询问指令的制定者，那么也以同样的方式把指令交给志愿者收集修改建议。

（4）志愿者管理人员需要培训示范人员和评分员（如果这是管理人员的一部分职责的话）。只要有要求，在训练中提供一定援助，并记录问题和评论。

（5）要求管理者/评分者/示范人员严格按照所给指令对志愿者实施考核。收集管理者和学习者的评论。

（6）在进入掌握/未掌握的试验环节，如有必要需进行修改。如果内容和指令改变了，应进行对内容和指令的检查。如果改动很大，应该重复对题目的个体尝试。

注意：也可以严格遵守上面的指南，同时试做多个题目。

6.10.5 掌握/未掌握的置信度试验

掌握/未掌握的置信度试验，给考核信度提供第一次统计指标。这是基于真正的最终学习目标（TLO）的掌握者可以通过考试，而真正的未掌握者不能通过考核的假设基础之上的。遵循此原则，一次对多个题目进行掌握/未掌握试测。

（1）要求有至少5名（具有目标人群关键特征的）非操作者和5名由志愿学习者担任的操作者。只有当其他的是否掌握的证据缺乏时，方可接受掌握情况自评。

（2）随着精确的书面考核实施指令，对志愿者实施题目考核。对于志愿学习者提出的问题，考核管理人员只能回答允许回答的问题。如果未掌握者不能执行（或已经确定其失败），则考核终止。要特别观测未掌握者的安全性故障，也要注意掌握者所犯的错误。

（3）计算差别指数并运用规则。运用工作助手350-70-5.7f。参见表6-3，了解更多的计算指标及措施。

（4）如果有大的变动，重复上述步骤，对变化再进行信度确认，以纠正未掌握者通过考核和掌握者未通过考核的错误。

（5）将结果建档并报批（如果通过），将之作为检查试验的一部分。

表 6-3　掌握／未掌握信度试验的结论和措施

指标范围	结论	措施
0.50 ～ 1.0	考核题目可能有区分度	可靠接受。 确定为什么掌握者未通过或未掌握者通过了。 回顾收集到的评论意见。 作出必要修改。
0.00 ～ 0.49	考核题目可能没有区分度。 一个或多个未掌握者可能是掌握者。 一个或多个掌握者可能是未掌握者。 最终学习目标不要求训练；能假设为入门级技能	充分回顾考核题目。 回顾通过考核题目的未掌握者的表现。他们是否是真正的未掌握者？ 回顾掌握者的表现并与他们讨论为何会犯错误。 检查工作分析并验证入门技能和目标人群的假设。 如有必要，对题目进行修改
0.00 以下	不能进行区分。 一个或多个未掌握者被评定为掌握者，和／或一个或多个掌握者被评定为未掌握者。 最终学习目标（TLO）不要求训练，能够假设为入门级技能	如果发现缺陷，必须要研究原因并充分修订题目。尤其是： 回顾通过考核的未掌握者的表现，并和他们讨论。他们是真正的未掌握者吗？他们如何得以通过？ 回顾未通过考核的掌握者并与他们讨论，确定他们为什么会犯错？ 检查工作分析并验证入门技能和目标人群的假设。 如有必要，修改／删除题目。 对修改后的题目，从内容开始（内容、指令、个体、掌握／未掌握等）重新进行效度确认

6.10.6　依照计算出的指数所采取的措施

按照表 6-3 基于计算出的指数，得出结论并采取措施。

一旦针对一套考核题目的四个过程（即，收集文献，选择/回顾/修改操作目标，设计操作考核题和编写操作考核指令）完成（如有必要，进行重复），并且也进行了必要的修改后，就可在教学材料确认程序中确认考核题目供使用了。应用信度确认程序的结果来确认考核/题目，然后再运用它们来确认教学材料的有效性。参见训练与条令司令部手册 350-70-10。

6.10.7　持续循环改进

然而，当对一组学习者/志愿者组织实施考核/题目时，也就获得了其质量的补充数据。收集并运用这些数据对题目进行持续的改进。材料确认过程中的个体、小组及操作试验，以及实际教学过程中对学习者所组织的每次题目考核，都提供了收集这些补充数据的机会。在这些题目进一步运用之前，应当尽快收集和确认发现的问题。这些数据通常呈现两种形式：

（1）鼓励受试者和考核人员对考核提出批评意见。

（2）收集学习者在每个考核题目的表现（答案、错误）。

注意：参见上述的 5.10 和 5.11 相关段落，了解数据收集和分析的总体职责。

6.10.8 分析操作考核数据

对大量学习者实施操作考核，提供了对补充的操作考核题目进行分析的机会。比如：

（1）如果大量的受训学员都遗漏了某个题目，那就要对该题目进行检查以发现其缺陷。一旦该题目（及其考核实施）被认为是合理充分的，就该好好回顾教学情况。

（2）类似地，如果大量的学习者在没有经过学习的情况下，通过了某个考核题目，也要回顾考核找出线索和是否正确实施考核。同样，如果考核题目及其考核实施都是合理的，训练开发人员就应该重新检查对学习者入门级知识水平的假设。

6.11 更新课程考核方案（CTP）和学习者评估方案（SEP）

6.11.1 课程考核方案（CTP）和学习者评估计划（LAP）

基于所开发的题目，用所开发的操作考核题目相关信息对课程考核方案（CTP）进行更新。将一些细节归入课程考核方案（CTP），这些细节可能包含敏感考核信息。只需要用学习者对考核的兴趣的总体信息更新学习者评估方案（SEP）。

6.11.2 操作考核题目的敏感性

多数情况下，操作考核题目本身和检查表在本质上并不敏感（比如，启动面向任务设备的姿态保护）。无论学习者收到考核的什么不同版本，都是通过学习者评估方案（SEP）提供给学习者的（比如，不同故障隔离和装备维修的不同指标）。参见第 8 章，关于确定考核/题目敏感性的补充讨论。

6.12 开发操作考核的质量控制标准

上述各个步骤都融入了质量控制机制。另外，整个小组应该讨论在开发和效度确认过程的中讨论每个步骤的结果。对程序、结果、结论、和措施进行归档，可以确保高质量的操作考核。

第7章 知识考核开发

7.1 知识考核回顾

7.1.1 回顾

本章提供开发知识考核工具程序的相关细节。在编写知识考核题目过程中（依照第3章和第4章的指南）作出具体的知识考核决策并予以贯彻。

7.1.2 形式和知识考核

知识考核期望度量/确定认知性知识（即，知道什么），而不是（直接）度量/确定他们能做什么。如第6章所述，操作考核运用知识考核形式来要求学习者对操作考核题目做出反应。无论它们是用以考核知识还是认知技能（操作），几乎所有情况下，开发这些形式和对这些形式进行确认的规则一样。因此，每个操作考核/题目的开发和信度确认通过以下两种方式之一进行：

（1）对于纯粹的操作考核，采用核对表、评价人员和第6章所述的技术。

（2）对于纯粹的认知技能，可以通过（基于知识的）书面形式考核，采用本章的技术。

注意：最终学习目标（TLO）决定考核方法。

7.1.3 知识考核题目和考核工具

当讨论知识/认知考核时，一次"考核"由多个可以采用一种或多种可接受的考核题目形式的考核题目组成。出于掌握最终学习目标（TLO）的目的，一个"考核"包括多个用以考量同一目标掌握情况的考核题目构成。对于不同的目的，一个"考核工具"可以有一个或多个基于知识的最终学习目标（TLO）考核，并且在同一时间同时实施（也就是说，一个书面"考核工具"可以包含若干个考核，每个考核考量学习者对不同的最终学习目标的掌握情况）。出于管理和确定掌握情况的目的，要评价并确定每个与最终目标关联的考核题目，且这些考核题目相互独立于最终学习目标。

7.1.4　与操作考核开发的相似之处

开发知识考核/考核形式的步骤和程序都和操作考核开发类似，甚至相同。只要可能，本章参照前章对类似的步骤进行论述。

7.2　知识考核开发

7.2.1　知识考核开发回顾

如同操作考核，为了开发出好的知识/认知技能考核题目，要确保目标足够具体，确定最优形式，确定评分程序，要编写题目和指令，要对题目和指令进行效度确认，要获得批准，并对课程考核方案（CTP）和学习者评估方案（SEP）保持更新。同样也要注意，上面的步骤并不是线性的，在必要时进行纠正和改进中，可采用螺旋发展的方式。

7.2.2　操作知识/认知技能考核题目关键要素回顾

如第 3 章所提出的，知识/认知技能考核/题目：

（1）不应寻求度量，也不能直接度量非认知技能或任务能力。

（2）用以测试完成预期任务/行动的操作所需的知识/认知技能（当直接考核操作不可行时）。通过此信息，对学习者是否能够执行该任务进行预测。

（3）可以确定学习者是否在进行有效（有时，安全地）学习操作之前，掌握了某些预备知识/认知技能（在任务分析中已经定义过）。

（4）是有用的，一定程度上可以用以：

① 预测学习者在实际操作考核中的能力。

② 测试证明对任务操作所必需的知识/认知技能。

（5）能够采用短文、简短回答、填空、标记（或用计算机标记方式，称为"拖放"）、多项选择或匹配等方式。

（6）要求学习者通过对各种形式的书面、口头或计算机生成的问题进行回答来证实对支撑性知识/认知技能的掌握情况。

（7）强调和操作目标相关的智力知识/认知技能。

（8）可能会要求学习者去查找、阅读并运用一些技术资料。

（9）通常是独立的问题，并且考核题目的顺序通常不影响考核的结果（可能也有例外）。

7.2.3　知识/认知技能考核开发

知识/认知技能考核的开发包括以下步骤：

（1）收集文件资料（和操作考核相同，参见 6.3）。

（2）选择/审查/修改/知识或认知技能目标（参见 6.4 和 7.3）。

（3）设计知识/认知技能考核。

（4）编写考核题目和指令。

（5）有必要时进行修改和重复以上步骤。

（6）更新课程考核方案（CTP）和学习者评估方案（SEP）。

7.3　审查和修订目标

7.3.1　确定目标运用

审查所有目标时，要确定出哪些是认知（基于知识的）目标；哪些是纯粹的心理运动操作目标并且需要通过评估结果或过程进行评估；哪些是操作（认知技能）目标，但需要运用知识的形式来收集和评判学习者的反应。第一类和最后一类采用基于知识考核的形式来开发考核。为便于参考，用术语"知识/认知技能"来描述这些类型的考核题目。

7.3.2　知识/认知技能目标

知识/认知技能目标，通常会遇到与操作目标同样的问题。即这些目标还没有详细到可以立即开始测试开发过程，还需要修改。

7.3.3　知识/认知技能缺陷的基本依据

和操作目标一样，在知识/认知技能目标中也可能存在目标不够明晰的问题。因为：

（1）要求学习者要执行的任务不清楚，通常是因为在知识/认知技能中过度用词（比如："描述"），而另外的动词可能会让目标更加明晰。

（2）某些条件缺乏最明显的是"有还是没有参考/辅助条件"，且没有对这些参考/辅助进行明确说明。

（3）标准不具体。比如标准总是暗示或指出要"无差错"，而实际的标准远不完美（而且/或，临界分数通常没有设置在"完美"的水平）。

注意：如果学习目标不明晰，请运用附录E。不要企图根据不完善的目标去设计考核题目；应当首先修订目标，然后再设计相应的考核题目。

7.4 设计知识/认知技能题目

7.4.1 设计步骤

以下为知识/认知技能题目的设计步骤：

（1）确定是否要采用记忆或识别类型的题目。

（2）针对目标和所要求的题目类型选择最适合的形式。

（3）确定能充分考核最终学习目标（TLOs）/从属学习目标（ELOs）的题目数量。

7.4.2 确定记忆或识别

知识和认知技能测试项目设计中，经常忽视的一个步骤是确定目标是否要求回忆信息，还是仅仅识别。回忆目标，假定学习者必须在没有提供正确答案的情况下，依照记忆去回想并陈述出回忆，根据"记忆"阐述一定的事实、程序、政策、步骤等。回忆会议形式不给学习者提供可以从中选出正确答案的备选项，但也不提供选择范围。另一方面，识别指学习者看到时能够认出正确答案。在识别形式的测试考核项目中，给予学习者相对较小数量的备选项，要求他们必须从备选项中选择出正确答案。

注意：要求学习者识别某物/某人的学习目标并不一定是"识别"题目。学习者提交答案的方式，决定是记忆还是识别。如果学习者是从选项中识别并选出正确答案（或者"拖放"正确名称），那么这个题目就是识别题目。如果学习者通过书写识别出名称，没有可供选择的备选项，那么这个题目就是记忆题目。

（1）识别和记忆题目形式的类型

记忆类型的题目，包括短文、简答（或者论述），补充完整（包括填空和标识等，不包括"拖放"类型）。识别形式的题目主要是"拖放"、匹配和多选。

（2）为何记忆性题目更好一些

记忆性考核题目由于题目没有关于正确答案的暗示，完全要从记忆中提取出正确答案，因而能对知识/认知技能的掌握和智力进行更好的测试。说记忆形式好，还有以下三个原因：

① 记忆型题目能够消除猜测正确答案的可能性。

② 记忆型题目（如果能正确回答）能够提供更好的记忆保留。

③ 从特性而言，识别型题目更难编写。比如，比起直接问问题，要编写没有设计缺陷的、要求三到四个合理的干扰项（不正确的答案）的好的多选题会更加困难。

（3）记忆形式和操作考核

无论是用来考察知识还是认知技能，记忆类型考核形式更加有效。认知技能题目，要求学习者书写出答案来展示他们的技能，通常比那种要求从几个选项中选择出正确答案的题目要好。对于后者，学习者可能并不完全知道如何解决问题，但是（因为题目编写的问题）可以排除一些给出的选项，从而能有机会正确猜测出答案。

（4）应用指南记忆与识别

依据以下原则，来确定是采用记忆或识别题目的形式。

① 对于安全任务执行，关键战时任务完成至关重要的最终学习目标（TLOs）（知识/认知技能），采用记忆考核题目。这要求审查工作和任务，分析信息，以发现知识/认知技能所支撑的操作（任务），以及（或者）评论所支撑的操作目标。对于所有其他目标，推荐使用记忆考核题目。

② 只有当考核题目相对不那么重要，且充分确定记忆目标远超出其度量价值，就采用识别类型的题目。

③ 如果仅仅因为识别类型考核易于评分，就不要采用识别类型考核题目。识别类型考核题目的主要"优势"在于易于评分，然而随着文字识别和匹配软件的发展，其优势正在消失。

7.4.3　确定考核题目的特定类型

如果考核识别就足够了，那么就编制多选题、匹配题、"拖放"题（另一种类型的匹配题）。如果目标需要记忆，就采用短文、补充完整、简答/填空/标识等题目。依据下面的指南进行题目类型的选择。各种类型题目的运用、优劣点、编写指南参见 7.5。

7.4.4 确定题目数量

运用以下指南，来确定度量认知技能或知识的考核题目的数量。

（1）通常一个考核题目可以考核一个知识点（匹配题可以在一个题目中考核多个知识点）。

（2）如果目标只要求一个知识点（比如，写出欧姆定律），即便应该为预测和后续考核对此题目设计多个版本，一个题目就能对此进行充分考量。

注意：如果要考核多个从属学习目标（ELOs），可能需要对每个从属学习目标（ELO）准备一个题目（且多个版本）。

（3）要测试学习者是否知晓一系列步骤，可能会需要多个题目来考核所有步骤的知识（即，如果每个步骤都要求不同的知识和技能）。

（4）对于关键的认知技能，只用一个题目可能不足以验证其掌握程度。行业专家（SME）的专业知识可决定需要用多少个题目/多少次试测。比如，对于"确定两个指纹的匹配点数量"的目标，就需要进行多次试测。

注意：参见 3.9.3，了解更多相关信息。

7.5　知识考核题目的运用、选择和编制

在运用和编制难易度上，每种类型的考核题目都有其优缺点。本节主要描述题目的通用类型。为所有类型的知识考核题目的编制提供总体原则，参见工作助手 350-70-5.7a。

7.5.1 知识考核书面客观题的优点

知识考核笔试客观题有以下优点：

（1）实施可靠。

（2）机器打分。

（3）短时间内涵盖大量材料。

（4）考核分数数据易于保存存档。

（5）可以计算描述某些考核题目特征的统计数据，比如考核题目的难度、均值、方差，考核题目间的关联、作答方式、考核内部的连贯性、考核方差等。

7.5.2 缺点

每种类型题目的缺点在 7.6 中分别进行讨论。

7.5.3 多选题

多选题可能是应用最广泛的考核题目，由题干、答案和干扰项组成。该题型的编写主要是以选择正确答案或最佳答案的方式体现。

（1）多选题用以测量简单的、略显复杂的学习目标（LO）。主要包括：

① 原理。

② 方法和程序。

③ 具体事实。

④ 事实或原理的运用。

⑤ 解释因果关系。

⑥ 判断方法和程序。

（2）多选题的主要优点在于其广泛的适用性。采用干扰项能纠正常见的错误理解，且多选题易于编制和评分。

（3）缺点在于：

① 确定好的干扰项。（至少需要 3 个干扰项。只有不可能编写三个备选项时才采用两个干扰项。）

② 提供正确答案，而不是由学习者自己给出（即，多选题只仅仅考核识别而非记忆）。

③ 考核题编制失误通常可能"泄露"正确答案。

④ 四个选项的猜对率为 25%。如果排除设置不合理或者设计不好的备选项，其猜对率迅速上升到 50%，这就和判断正误题没什么差别了。在工作助手 350−70−5.7b 中详细列举了多选题编制的注意事项（"Dos and Don't"），利用这个列表可以检查编制完成的考核题目。

7.5.4 匹配题

如果学习目标要求学习者进行对照或识别出两组题目之间的关系时，则采用匹配题。总体原则是：

（1）左列为"前提"，写出必要的细节和类似的类型。

（2）右列为响应。

（3）在题目编写时，应该至少比前提数量多出两个以上的符合逻辑的可能（但是是错误的）响应，可以避免学习者通过排除找到最后一个答案。

（4）此外，为了避免用排除法，在指令中应该表达清楚每个回应可以使用一次或多次，或者根本不会用到。

（5）对于这种考核题目，通常需要提供说明，告知学习者是基于什么基础设置的联系。

（6）这种考核题主要用以考核简单的知识/认知技能。学生将术语与定义、控制与功能等进行关联。

（7）匹配题的主要优点是一次可以考核大量的信息。

（8）匹配题的主要缺点在于，命题要避免不相关的线索有难度。而且，如前所述，该题型主要用以考核简单的知识/认知技能，比如记忆，而非真正的理解。

7.5.5 匹配题变体

匹配题的另一种变体形式为计算机考核。利用鼠标或其他输入设备，学习者将正确答案（单词、或者正确答案的字母/数字）从可能是答案（响应）的列表中拖拽出来，然后把它放到与前提相匹配的屏幕位置。这样，匹配好的项目（前提）要么是个图片（标记）、要么就是单词/符号等，这和书面的两栏匹配题目类似。表7-1提供了编写匹配题的对照表。

表7-1　匹配题开发对照表

序号	参见工作助手350-70-5.7c，了解更多 应用对照表来进行匹配题开发和检查的原则
1	所有的前提都是一种（类似）类型吗?
2	前提的数量是少于或等于10个吗?
3	指令是否描述了响应只能用一次、多次或者有根本不用的?
4	响应是否简洁，前提是否提供了必要细节?
5	响应是按照逻辑顺序编写的吗?
6	前提和响应是否在同一页?
7	比较前提和响应的依据是不是清楚描述?
8	前提和响应符合语法吗?

注意：运用"拖放"方式将对象放置到图形或图片的恰当位置，其实这已经是一种低逼真度的操作目标的实际行为（步骤）的仿真。因此，这也是对心理运动技能/任务的

认知技能部分的操作考核，只是不存在实装的运动（触觉）部分而已。这种情况下，开发操作考核（即仿真）的规则也适用。

7.5.6　补充完整型考核题的运用

一般说来，如果不要求用短文型题目，测量知识/认知技能的最好题型是填空考核题。该题型，具有以下适用性：

（1）对具体的上下文中考核知识点非常有用。

（2）适合用于考核智力技能，比如辨别、具体概念、定义的概念和规则学习等。

（3）适合用于考核关联、某些辨别、复杂行为链（填写空缺的步骤）和智力技能的组成部分等，如陈述知识（口头信息）。

7.5.7　简短回答/补充完整考核题

简答/填空考核题，可以是完整的问题（推荐使用）或者是填空（第二选择）的形式。该题型有三个优点：易于出题；学生提供答案（即记忆型题目）；减少了猜测可能。其缺点在于：要想获得期望的响应（尤其对于填空题），措词有难度。因此，如果可能，尽可能采用完整问题的形式。编写简答/填空考核题，使用以下原则：

（1）题目措词简明扼要。

（2）不要直接使用课本的句子。

（3）尽可能直接提问。

（4）尽可能提供度量单位。

（5）对于填空题目，空格与答案要等长。

（6）对于填空题目，不要使用太多的空格。

7.5.8　短文题

短文测试题采用比较少，要求学习者对指令或问题给出长篇的书面回答。该题型的优点在于：可以考核其他题型不能考核的复杂知识/认知技能。然而，短文题不仅难于编写还难于客观评分。

短文题有两种形式。一是按照规定思路限定回答；二是可以进行自由发挥回答。不足是难以打分。

短文题可以用来度量学习者多种能力。如组织能力、综合能力、事实与原理关联的能力、运用原理或实施的能力等。

注意：对说明或问题回答中做列举也被认为是长答案题或者短文题。这种情况下，在命题和运用中要回顾下面两类原则。（参见工作助手 350-70-5.7e，了解更多原则。）

7.5.9 编写短文题

编写短文题，要：

（1）如果能够运用更客观的题型，不要采用短文题。

（2）为具体的目标编写短文题。

（3）每道题的表达要让学习者清楚理解其任务。

（4）指明适当的时间限制。

（5）避免使用选择题。

7.5.10 短文题的评分

给短文题进行评分，要掌握以下几点要求：

（1）评分前要准备好可接受答案的要点。

（2）采用恰当的评价方式。

（3）要决定如何处理不相关的因素。

（4）同时评价对每个问题的所有答案。

（5）评价答案，而不是评价学生。

（6）对重要考核，采用独立评价。

7.5.11 编写情景说明

对于大多数知识考核/考核问题，并不需要设定问题的情境。提问知识，可以采用最直接的方式，没有必要详细说明。然而，如果必要，可以用情景描述一组重要的条件和假设，作为形成学习者能够思考或应用的问题答案的背景。（通常，场景是针对一组相互关联的问题，而不是针对一个问题）。

7.5.12 编写说明和评分要点

基于知识的题目构造的最后一步（正式考核确认程序前）是确定编写评分要点和所有必需的考核说明。说明包括：

（1）考核管理人员说明，包括为那些不在本地，且不是教师/行业专家的监考人员（即，为分散式学习课件）编写的说明。

（2）学习者考核说明：

① 对考核整体说明。

② 对考核不同题型部分说明。

③ 对单个题的说明。

（3）考核答案评估（评分）说明和最终学习目标（TLO）的通过（GO）/未通过（NO GO）标准。

7.5.13 评分要点和及格（临界）分数

对于每个题目要制定评分要点，列出正确答案［或者，对于短文问题，制定通过（GO）/未通过（NO GO）标准］。此外，对每个最终学习目标（TLO）要制定通过（GO）/未通过（NO GO）标准［即正答问题数量达到要求的获得对此目标的通过（GO）］。而且，每次考核都要对管理人员/其他人员的状态进行更新，这应该是管理人员说明的一部分。更多原则参见附录B。

7.6 知识考核题的确认

知识书面考核的有效性是一个重要问题。即使学习目标（LOs）直接和工作表现相关，通常也很难将知识书面考核和工作表现直接关联。对于不同类型的考核题，考虑以下的例子。

7.6.1 多选题

多选题要求学习者对多个可能答案进行辨别并选择出正确答案（识别型考核题目）。之所以存在有效性问题，是因为只有岗位目标类型适合于学生从多个选项中选择。在工作中，从多个备选项中进行选择的例子有：

（1）出于某个目的选择工具。

（2）在技术手册的描述中选择出一个恰当的程序。

7.6.2 匹配题

对于考核概念间的关联匹配题是合适的，但是也存在有效性问题。比如，某个学生能够匹配列举的电报码并和适当的字母进行连线，但是，因为工作要求是将声音电码而不是可见电码转化为电文，所以这还不是直接的有效考核。

7.6.3 补充完整型考核题目

填空考核题目也存在有效性问题。尤其是当与工作表现的直接相关性存在问题时其有效性问题更为突出。比如，一个填空题目要求学习者列举石英的四个主要特征。学习者可能能根据记忆通过该题的考核，但是这并不能确定学习者总是能够从矿物质样本中识别出石英。

7.7 考核题目确认

7.7.1 考核效度确认回顾

本节主要提供知识考核确认的步骤/组成部分的原则。结论"有效性"是一个主观概念，是通过这些考核步骤的运用以及对考核工具不断改进中所达到的。知识考核确认主要包括三个主要部分：

（1）进行评审以确保考核题目和内容及目标相匹配（即"内容有效性"）。

（2）进行评审以确保运用了最好的方法且避免了题目设计的缺陷（即"结构有效性"）。

（3）进行区分度分析（也称为间接有效性）以确定题目是否能够区分掌握和未掌握。

注意：有些作者将区分度分析和/或内容检查描述为"可靠性"，而非是"有效性"。然而，上述程序运用于学习者的考核和掌握情况确定时，可以确定考核题目是否具有足够的有效性和可靠性。

7.7.2 效度数据的其他资源

其他可以改进题目的数据信息来源是：考核题目管理期间的教师和学习者的评判（即，有效性确认试测和实施），以及学习者的实际表现。对这些数据进行分析可以判定上述过程没有发现的问题。利用表 7-2 来收集这些评判。

7.7.3 内容有效性定义

内容有效性是考核工具和教学大纲内容吻合程度的度量。

（1）直接将考核问题及课程内容与特定的教学目标关联。

（2）运用正式的任务分析方法对内容范围进行系统采样。

（3）通过任务分析过程所确定的内容范围任务和分任务，应该是教学目标的基础。

（4）内容有效度不是用数字形式表达，是通过课程目标、课程内容和考核问题之间的比较或者相关性来进行描述。

（5）内容有效度通过以下综合因素来确定：

① 考核问题与课程内容之间的比较。

② 考核问题和课程内容与教学目标之间的比较。

7.7.4 更新课程考核方案（CTP）和学习者评估方案（SEP）

作为最后一步，将考核题目、考核题目归组、考核分组（按照最终学习目标TLO）、课程考核方案（CTP）中的掌握分数、管理人员考核指令、学习者考核指令、监考人员指南等进行归档，也要包括学习者评估方案（SEP）中摘录的情况。为了审查试测的目的，要根据考核开发文件归档的要求，保持决策和批准的合理性。

7.7.5 结构效度

结构效度定义为：恰当的考核设计程序的运用程度，以避免考核题目混淆、不清晰、有偏差，或避免考核题在辅助确定正确答案方面有设计缺陷。结构效度不是绝对的，但是有经验的考核开发人员，通过仔细审查题目可以消除大部分的设计缺陷，从而保证结构有效性达到可接受程度。

7.7.6 结构审查程序

结构审查的步骤有点像内容审查的步骤：

（1）选择至少一个有经验的考核设计人员（而不是最初的出题人员）来进行审查。

（2）利用本章前面提到的工作助手（JA 350-70-5-7a-e）来作为核查表，对每种类型的考核题进行审查。

（3）根据审查向考核开发人员提供反馈。

（4）考核题目作出修改后，对作出较大修改的考核题目重复进行内容审查过程（步骤 1-3）。

（5）保留完整的审查过程对照表，以供追溯。

7.7.7 区分度分析

"确认"考核题的一种方式，是看它们区分掌握者和未掌握者的能力。确定一个考核题目或一套考核题区分能力的简便方法是，分两个组实施考核。这个样本组由两部分人组成：一组为样本组，由明显为（或已经证明为）要考核目标的掌握者；而另一组由明显为未掌握者所组成。比较两个组的表现，来确定掌握者是否能一贯答对问题，而未掌握者依然不能答对问题。

（1）利用统计量（φ系数）来比较这两个组。系数取值范围为 −1.0 到 +1.0 之间。

注意：利用工作助手 350−70−5−7f 的 excel 电子表格来进行运算。

表 7−2　掌握 / 未掌握考核题分析的门限和措施

计算出的指数范围	结论	措施
0.50 ～ 1.0	题目能够进行区分	接受。 对考核实施过程收集的评论进行审查。 进行必要修改
0.00 ～ 0.49	题目可能不能进行区分 最终学习目标（TLO）没有要求进行培训，可以认为是入门技巧	审查题目找出结构缺陷。 如果有多个未掌握者通过，审查目标人群的入门技能假设。 对题目作出必要修改
低于 0.0（负数）	题目不能进行区分。 一个或多个未掌握者通过了考核和 / 或一个或多个掌握者未通过考核。 最终学习目标（TLO）没有要求进行培训，可以认为是入门技巧	必须探寻原因，如果发现缺陷，要对题目进行充分修改。尤其是： 审查通过考核的未掌握者的表现，并进行讨论。他们是否是真正的未掌握者？他们怎么能够通过考核？线索是什么？ 审查未通过考核的掌握者的表现，并进行讨论，找出他们犯错的原因。 检查工作分析和目标人群的入门技能假设。 如果需要，修改甚至删除考题。 对修改了的题目或新题重复进行效度确认（内容、结构、掌握 / 未掌握）

（2）如果计算出的系数超过了预定的阈值水平，可以接受该题目，能进行充分区分。如果计算出的系数低于预定门限，就不能接受该题目，需要对之进行审查或者修改（再次进行内容、结构和区分度分析）。表 7−2 列出了推荐的系数阈值和相应措施。

7.7.8 收集材料效度确认试测的数据

确定每个考核题为可接受后，就可以将这些考核题目用于个人和小组教学材料试测了。在教学材料试测中，为了将考核题用于教学材料评估和确认，要立即纠正考核题的任何问题。在试测期间，要根据考核题类型收集补充数据，以便用以辅助设置临界分数。

7.7.9 效度确认试测期间数据收集的程序

利用或修改以下常用步骤，来辅助获得改进考核题目的信息。

（1）进行样本测试考核（包含新的考核题目）。

（2）如果是计时考核，要记录每个学习者完成考核的时间，以帮助确定考核的正式时间。通过要求识别和评论等方式，从试测样本人群获得反馈意见。在提供改进考核题目反馈意见的试测期间，考核审查人员和学习者可以利用表 7-3。

（3）对收集到的数据进行恰当的标准参照分析。既然试测中，通常考核对象是未经培训的志愿者样本人群，那么在他们接受培训后，适合再次运用 φ 系数来找出存在不足的题目。

表 7-3　提供反馈

问题	评论
1. 考核说明不清楚或者含混吗？	
2. 有问题含混不清吗？	
3. 存在多个正确答案或没有正确答案的题目吗？	
4. 无论是在该问题中，或者在题面的问题中，是否存在该问题的正确答案线索？	
5. 是否有不切实际的不正确答案选项？	
6. 图表有不清楚或者含混不清吗？	
7. 语言或图表是否存在攻击性，或者包含种族、性别、文化差异歧视内容？	
8. 关于对每个考核题作答的提示，有不清楚或者含混不清的吗？如有必要，修改考核题目	

（4）运用上述（2）和（3）的反馈，确定哪些考核题目需要修改或替换。（这个决定由考核开发人员做出。）

7.8　编制知识考核题目

7.8.1　编制考核工具

若有这样的期望，可以将多个最终学习目标（TLOs）的考核合并为一次实施。然而，考核未通过可能会导致要对多节课内容，依照教学设计的顺序进行重复。

7.8.2　对考核题目分组

编制考核题目时，同种类型的考核题目通常安排在一起实施。然而，如果要在一个工具中对多个目标进行考核，为方便起见，可将每个最终学习目标（TLO）的相关问题放在一个组。

7.8.3 影响长度的分组

遵照 3.9.3，来确定考核的长度。

7.8.4 更新课程考核方案（CTP）和学习者评估方案（SEP）

最后一步，就是将下列内容归档：课程考核方案（CTP）中的考核题目类型、考核题数目、考核题分组、考核组数（依照最终学习目标确定）、通过分数和其他考核设计决策等，也包括学习者评估方案（SEP）中的相关内容。

7.9 开发知识考核题目的质量控制标准

为确保有效知识考核的开发，要运用所提供的对照表、有经验的考核开发人员和行业专家（SMEs）的审查意见，并遵照本章的程序收集并分析评论学习者表现数据。

第8章　考核实施与控制

8.1　考核实施

本章主要讨论考核实施的过程和程序，以及控制敏感考核材料的原则。

8.1.1　再生产和发放

考核实施包括如下过程：

（1）考核器材的再生产。许多考核及其相关的材料是数字化的，存储于训练材料库房，以便控制、使用和发放。考核及其相关的考核器材采用电子储存和发放（比如学习者评估计划）。对于非电子考核材料，采用集中储存、再生产和分发。再生产的决定因素包括：

① 实施活动的地点和数量。

② 每项活动中学习者的数量。

③ 发放方式（实物件还是电子件）。

（2）依照现有的标准操作程序（SOP）发放考核材料。

（3）在再生产、分发和实施过程中确保考核材料安全保密（参见 8.3）。

8.1.2　实施考核活动的职责

（1）按照考核指令对学习者实施考核。至关重要的是实施考核的人员完全清楚，恰当地控制程序和考核实施指令的内容。课程管理文件应当包括具体的、可以用于每次考核的考核控制程序。实施考核活动应当：

① 严格按照考核开发人员所提供的原则来实施所有的考核（如果不能做到，或者受到广泛关注，应当立即联系考核开发人员寻求帮助）。

② 根据考核开发人员和本章提供的原则，落实恰当的考核控制程序。

③ 按照考核开发人员及本手册的原则实施考核审查。

④ 实施考核评价，并为考核开发人员提供数据。

⑤ 给考核开发人员提供考核改进意见。

⑥ 针对需要复议的问题，与考核开发人员协商。

⑦ 按照 8.3 及考核开发人员的补充原则，开发出清晰详尽的考核控制标准操作程序。

（2）收集学习者表现数据及其评论。

（3）将学习者表现数据及其评论提供给考核开发人员。

8.1.3 辅助考核执行的文件

在标准化条件下实施考核。确保考核材料包括如下内容的相关文件：

（1）考核实施条件。

（2）指令。

（3）实施程序（包括如何处理问题、如何检查和设置考核供给和装备等）。

（4）受试者因疾病、杂役等原因的免考条件。

（5）取消考核的环境条件。

（6）评分程序。

8.1.4 实施考核活动的质量控制

参见上述 8.1.2 的职责。此外，还应施行考核控制及实施程序的自我评估活动，以及训练与条令司令部（TRADOC）小组的到访检查，提供了实施考核过程中的质量控制。参见工作助手 350-70-5.8a，了解更多关于实施考核的补充信息。

8.2 考核材料控制

8.2.1 目的和适用性

本段主要提供对学习者能力测试工具（即考核）、考核题目以及诸如方案和评分要点等相关敏感材料进行恰当控制的原则和程序。

（1）尽管材料主要针对现役和预备役部队的考核实施人员和其他考核机构的相关人员，也为考核开发人员，考核生产、传输，以及其他活动或人员提供重要的信息和要求。

（2）如果需要实现管理的简便和标准化，减少考核的折中等，实际实施的考核活动可以在本手册的要求之外，建立内部考核控制程序。所有的开发活动应该确保在减少折中方面具有显著价值，而且没有增加管理负担、管理脱延、或者增加人员费用与其他训练成本。

（3）根据相关规定，处理各类考核的安全问题。

8.2.2 定义

考核控制、考核、敏感性考核材料的定义见附录术语。

8.2.3 人员的总体职责

处理或接触敏感考核材料的人员应当负责安全保密。

（1）逻辑上和法理上，学习者的首要责任在于确保不当泄露或不当获得不会发生。指导学生报告／发现所有可能对考核造成危害的处理考核材料的情况。

（2）所有故意或非故意接触敏感考核材料的人员，都有责任减少考核题目或材料的非故意泄露的可能性。特别是实施考核活动的人员，在落实这些程序中起着主要作用。

（3）所有的指挥员、参谋、部门领导、教官，以及其他可能接触敏感考核材料的人员，都有责任秉持"非必须不接触"的原则，尽量减少对敏感材料的接触。对于分类材料，在确定接触的必要性时，军衔和岗位不是主要的决定因素。

（4）指挥员和训练／考核开发人员，有责任对考核和考核题目实行恰当的分级控制。这项要求适用于将敏感考核材料处于安全控制之下的所有活动。参见下面 8.2.4，以及本段的余下内容，了解这对考核管理机构的重要性。

8.2.4 基本的考核控制政策和程序

陆军确定和运用考核控制的理由总结如下：

（1）确保所有考核控制政策、程序选择或实施，运用恰当的措施以减少考核风险的可能性，达到可接受的水平，且不增加人员和职能的负担。

（2）随着考核更多向操作考核的转变，以及将知识考核嵌入到电子课件中，对精细化的考核控制程序的需求不断减少。

（3）尽管考核有很大的潜在不足（即，将一个不具备资格的人确认能执行任务），但是通常在对生命、使命及装备构成威胁之前，会对以前的受测人员进行进一步的评估、指导和观察。这样确保在训练中所获得的资格是准确的，并可以转移到工作或后续的学习活动中。

（4）实施机构的所有人员应当值得信赖，并且在处理敏感考核材料时应当给出适当的警告和常识。

出于全面考虑，和考核控制相关的可用操作性原则，可以参阅2001年10月6日颁布的陆军训练与条令司令部备忘录ATTG-CD的第四条附录，主题为：学生学业考核政策指南。为了实施所要求的考核和考核题目控制水平，考核实施机构应当：

（1）考核开发、传输、储存、修订及实施过程中，所有考核题目、考核题、考核实施说明（如有必要）、对照表、评分要点以及考核结果的安全保障，应当与恰当的考核控制水平保持一致。控制水平通过下面论及的原则来确定。参见工作助手350-70-5.8c与350-70-5.8d。

（2）驻校考核实施期间，在课程计划、考核标准操作程序（SOP）、准确的实施程序中坚持开发和对等的原则，以保证实现适当的考核控制水平。

（3）无论最终的考核/考核题目是如何实施的，严格限制对最终考核题目、评分/答案要点、考核结果等的纸质版的接触，非专门需要此类信息的人员不可接触。

（4）如必要，与信息管理专家一道，编制并规定程序，以确保考核/考核题目，以及评分/答案要点的电子版受到严格保护。这些程序：

必须包括——访问、复制和发布的限制；口令保护；学习者必须的警告或认证。

可以包括——认证方法；加密技术；系统闯入检测或防护方法。

（5）立即调查可疑的缺陷，并采取适当的措施以减少考核/考核题目缺陷的影响。

（6）确保考核是严格按照考核实施说明予以实施。

（7）确保考核控制程序（包括确定受试人员身份的方法）。

8.2.5 考核控制原则

从2001年10月6日颁布的陆军训练与条令司令部备忘录ATTG-CD的第四条附录，主题为：学生学业考核政策指南中可以看出，应当在考核控制中运用以下一般性原则：

（1）对始终要求用同样方式实施，且与任务/最终学习目标（TLO）相对应的考核题目，考核控制中必须进行安全性测量。比如，执行CPR，分解M-16A1等。

（2）只要少数可能变化的考核/考核题目，要求对所有可能的变化进行保护，不允许未经授权披露。

（3）对考核/考核题目的每种变化，要求具有充分的保密措施，避免学生了解到详细的变化情况（即，由于规模数量问题，了解到所有可能的考核题目对学习者的考核不利）。比如，出于考核目的，要求学习者修复5到30个可能的计算机常见故障。学习者了解所有的 30 个故障没什么关系，但是一旦指定了 5 个故障的子集用于考核，就不应该提前让学生了解了。

8.2.6　敏感材料的传输和标识

确保考核相关人员在邮寄敏感考核材料时采取了充分的保密措施。如若以下的控制措施未运用到所进行的考核上，应（如有可能）立即运用，并/或联系考核开发/生产部门。考核开发/生产部门应当应用以下控制措施：

（1）在要求进行控制的所有敏感材料的每一页清晰标识"考核材料——敏感"或类似字样，以清晰说明其属性。这些材料包括纸质版或光盘（软盘/压缩文件/CD 等）。对包含考核材料的纸质文件也要进行类似标识。注："只供正式使用"的标识是不够的。

（2）无论材料是纸质的还是电子的，要确保所有受控的考核材料的首页要包含上面（1）中提到的标识。特别建议纸质材料在每页上都有警告，包括封面。

（3）所有敏感考核材料的电子版应包含上面（1）中的警告外，还应在任何便携式媒介或文件打开的首页上包含"未经授权不得复制、打印、传输或保存"或具有同样效果的警告。

8.2.7　通用控制措施

考核实施机构应该对所有考核材料和考核管理情况实施以下的通用控制措施：

（1）考前核对学习者身份。

（2）在课程的第一次考核之前（通常是在每个课程/阶段开始时），对所有学习者忠告：

① 若非特别要求（如小组活动），考核前、考核中和考核后，他们不能获得或提供任何不恰当的帮助。

② 他们应当（考核前、考核中或考核后）报告所了解的任何未经批准的帮助行为。

注意：（在课程进行过程中）第一时间提供书面说明并需获得学习者认可。建议学习者签名确认。也建议在每次考核前重复上述步骤。

（3）在未实际投入运用之前，要确保所有的敏感考核材料处于适当控制之下，如下面条款所述。

8.2.8　基于敏感材料类型的补充控制措施

除了上述的通用控制措施，基于敏感材料的特性，应采用以下的控制：

（1）对于与任务对应的动手操作考核：不用采取必要的控制。

（2）对于（只存储于服务器的）课件嵌入的考核/考核材料：

① 通用控制措施。

② 通过密码保护和安全口令，对电子文件进行安全保密。

③ 在屏幕上阅读材料时，要限制接触人员。

④ 文件未经授权不得复制/打印/传输/存储。

⑤ 如若可能，给学习者随机分配考核版本和单个（套）题目的版本进行考核。

（3）移动硬盘/光盘为载体的考核材料（软盘/CD/压缩文件）：

① 通用控制措施。

② 严禁存储或转移到未受控制的计算机系统。

③ 用口令保护所有文件，或者将光盘/硬盘用单独的锁存储于电子保密媒体（只读硬盘/光盘的媒介）中以实现物理保密。

④ 在屏幕上阅读材料时，要限制接触人员。

⑤ 文件未经授权不得复制/打印/传输/存储。

（4）考核纸笔

① 通用控制措施。

② 给所有考核敏感材料上锁。

③ 在第一次实施考核之前，准备好足够的份数。仅在必须时，才在进入实施之前作补充备份。

④ 对于一次考核，制作能达到需求的最少份数。

⑤ 不需要或不相关的材料要及时碎掉或者烧毁。

⑥ 在供选择的形式中随机选择。

⑦ 未经授权不得复制/浏览。

8.2.9 敏感考核材料丢失、泄密或可能泄密的控制措施

如若怀疑考核存在泄题，参照以下原则：

（1）调查任何怀疑、未经授权的敏感考核材料的泄露情况，证实、驳斥或剔除无事实根据的泄密。如果证实可能的泄密不存在，不必采取进一步措施。

（2）由系/部门领导/指挥员，或者其他的指定部门决定向其指挥链的上级汇报泄题或可能的泄题。如若需要援助，也可将泄题/可能泄题情况汇报给学校。考核发起人员可以提供恰当的简易程序以解除风险。

（3）指挥员和指定部门要确保对泄题、可能的泄题、或丢失事件的全面调查，并要提出恰当的解决措施，以防止此类事件的再次发生。另外，相关部门应当：

① 确定用以缓和风险的因素。

② 要保留调查记录以及采取的措施（如果需要有措施）。

③ 若经授权调查，按照 AR 15-6 的相关条款进行调查。

（4）如果泄题无事实依据，或者未能完全驳斥（即，怀疑但无事实依据），应（依照对考核所要求的控制水平）立即进行风险评估，并消除任何由泄题造成的后果。在系/部门领导或其他的授权部门在慎重考虑时，消除风险的程序应包括（但不局限于）下列的一条或多条原则：

① 撤销考核。

② 使用未泄露或未怀疑泄露的题，对一个或多个学习者进行重测。

③ 从发起考核的学校寻求帮助。

④ 如无充分证据证明泄题，不必采取任何措施。

8.2.10　敏感考核材料销毁、转移或借用的控制措施

如果敏感考核材料被销毁、转移或借用，参照以下原则：

（1）考核材料销毁。当考核材料不再需要时，考核管理部门应当根据材料的媒介形式，依照所需的程序（即焚烧、清除、格式化等）立即销毁考核材料。

（2）考核材料的转移。考核管理部门可以把多余的考核材料，转移到另外需要它们的部门。部门的领导或其他指派的代表，应当同意接收并监控整个转移过程。

（3）考核材料的借用。当有需求时，部门可以向就近机构借用可供共同使用的考核题，如国民警卫队或陆军保障机构等。这种情况下，相关部门应当参与考核材料转移过程中的安全保障工作。

8.2.11　实施过程中的考核控制措施

在考核管理中，还应采取以下措施：

（1）在实施过程中，对每个考核，要精确遵守考核管理指令，这是考核控制最主要的方式。

（2）实施考核和评分的具体要求包含在每个考核附带的手册中，或者在学习者评估计划或考核实施计划中。严格遵守这些程序，在考核准备、进行考核期间，主考人员和监考人员只能使用确定的命题人员提供的考核材料。

（3）考核实施前，如果（指定的部门认为）考核安全或管理存在任何的不清楚或无法管理，考核管理者应当立刻联系命题人员寻求更多帮助。

8.3　实施考核讲评并提供反馈

8.3.1　考核讲评的目的

考核讲评的目的是为提高学习者的能力。最有效的方式是，为学习者提供有建设性的意见、指导和指南，以提高他们的能力水平。考核讲评也是加强学习的一个举措。作为教师，应当运用各种机会来作为阐明、强调或加强各领域教学的手段。

考核讲评有两个目的：

（1）告知。情况讲评用以纠正学习者的错误。情况讲评应当是鼓励性的，但是鼓励性的讲评并不一定提供信息。拍拍后背或者依据鼓励的话都可以激励学习者，但不提供关于他们错误的信息。

（2）激励。激励性的讲评鼓励学习者更加努力学习。

积极的评价总是比消极的评价更加温暖和真诚，认识到这点非常重要。虽然想强调学习者表现中积极的方面，但是传递出不足和需要改进的地方也是很有必要的。对积极方面的进行强调有助于学习者接受，也可以让他们更愿意应用这些信息。这样，学习者不会有抵触情绪而更愿意接受批评。参见 JA 350-70-5.8b，了解更多关于考核讲评的信息。

8.3.2　有效考核讲评的特征

有效的考核讲评具备以下特征：

（1）可接受性。要和谐、相互尊重，学习者能接受、愿意接受批评。他们对讲评人的资质、教学能力、真诚度、能力和权威性等有信心，讲评人的方式、态度、专业知识，以及讲评人的信念和真诚，比起讲评人的军衔和地位更容易让学习者接受。

（2）客观性。有效的讲评集中在学习者的能力上，而不是个人观点、喜好或偏见。学习者的人格和观点不重要，他们也不必要和讲评人的信仰一致。讲评人需要开诚布公，没有资格去嘲笑学习者或者表现出生气。

（3）建设性。建设性的批评旨在促成进步或更高水平的能力。在指出错误和不足的过程中，要给予目标在进步提高这方面的积极指导。

（4）灵活性。批评学习者能力的时候方式要灵活。经常会面临选择的问题（即，说什么，什么要省略、什么要强调、什么要最小化等）。根据实际情况的不同，采用不同的评论组织方式。根据情况不同、学习者的不同，调整考核讲评的语调、技巧、方法、条理和内容等。要确定最佳方法，需考虑班级情况、学习者能力、主体因素以及讲评时间分配等。

（5）条理性。如果考核讲评缺乏条理，那么就会失去效果。如果学习者认为是有逻辑的、易于理解的，任何形式的讲评都是可接受的。比如，开始作总体评价，接着小组评价，最好要求个体对他们的表现作出评价。无论条理什么样，如果学习者不能跟上考核讲评，要随时准备作出改变。

（6）全面性。考核讲评要全面，讲评的时间长短取决于所涉及问题的大小、多少。为了有效起见，反馈应该包括优点和缺点，并要在这二者之间确定平衡点。评价只局限于学习者表现的优点是有害的，也应该包括需要改进提高的地方。评论建议要具体。在讲评的最后，学习者应当对他们做得好的地方、做得不好的地方不存异议，最重要的是，他们应当清楚怎么才能进步提高。

8.3.3　定义

参见词汇表，了解考核讲评、补习和重测的定义。

8.3.4　进行考核讲评

在每次考核后进行讲评，是教学的必需环节。

（1）即便所有学习者掌握了所有的学习目标，也要对某些漏掉的考核题目进行考核讲评。

（2）对每个学习者的漏题进行反馈（确保你包含了每个漏掉的题目，并单个地或分小组提供反馈）。建议的程序为，给每个学习者一张表，指明学习者漏掉的问题，然后对学习者进行逐个讲评。这还应当包括通过问题来解决问题。

（3）建议使用合适的方法来覆盖错过的题目，而不是回到实际的"试题册"中。

（4）既然考核讲评是重要的学习活动，应当花时间和精力来做准备。

（5）考核讲评中，强烈建议要获取学习者关于考核/教学改进的意见。对训练/考核开发者的改进也应该如此。

（6）当教学和考核讲评是通过自主学习方式开展时，有必要对上述程序作出微调。比如，对于计算机自主学习，应将考核讲评和补习纳入课程设计和考核策略中。允许不限数量的重测/补习循环，直至达到完成课程的最多时间限制。

8.3.5 补习

如果在首次考核中对最终学习目标（TLO）没有掌握，需要进行强制补习。

（1）涉及补习的活动应该直接针对没有掌握的最终学习目标（TLOs）。

（2）需要补习的最终学习目标（TLOs）的数量是在重测之前补习范围的主要决定因素。

（3）一般而言，对学习者进行补习直至他们确定掌握了学习目标为止。

8.3.6 重测

补习后，对每个没有掌握的最终学习目标（TLO）需进行至少一次重测。在第一次重测之后，鉴于以下考虑，确定随后的补习和重测：

（1）不允许进一步重测的因素（即，循环、课程剔除、任务重新分配、重新分类、得不到提升、退役等）。

（2）让学习者达到训练阶段的资源投入程度。

（3）是否有足够的资源（包括时间）供进一步补习和重测。

（4）任何能表明学习者即使经过进一步补习也无法掌握目标的证据。

（5）其他能排除进一步补习和重测的苛刻情况。

（6）强烈建议由上述因素，特别熟悉学习者的人事决策者来做终止/继续重测的最终决定。

（7）将重测的准确次数和时间，以及停止/继续重测的决定是如何做出的等，记录在学习者评估方案（SEP）中。在实施首次考核之前提供给学习者。

8.4 考核实施质量控制标准

质量控制标准包括：

（1）考核实施部门对考核原则进行评述，并对考核开发人员提供的考核进行控制，使之更加完备和清晰。

（2）严格遵守考核开发人员所提供的，以及包含在本手册中的控制措施和程序。

（3）确保考核结果和评论返回到考核开发人员。

（4）迅速进行考核评分和讲评。

（5）留出充裕时间安排考核讲评和补习授课（如有必要）。

附录A 参考文献

第一部分 必读的出版物

AR 15-6 调查军官或军官理事会的步骤

AR 350-1 陆军训练和教育

AR 380-5 陆军信息安全规划部

TRADOC Pam 350-70-4 训练的系统化方法：评价

TRADOC Pam 350-70-7 训练的系统化方法：课件设计与开发

TRADOC Pam 350-70-10 训练的系统化方法：课件验证

TRADOC Reg 350-70 训练的系统化方法：过程与产品

第二部分 相关出版物

Air Force Handbook 36-2235，Volume 12 空军手册 36-2235，第 12 卷

为训练系统考核与测试手册设计者提供的信息

（ http://www.e-publishing.af.mil/pubfiles/af/36/afh36-2235v12/afh36-2235v12.pdf ）

MIL-HDBK 29612-1A

训练数据产品和服务获取指南

（ http://assist.daps.dla.mil/docimages/0002/98/46/296121.PD0 ）

MIL-HDBK 29612-2A

训练系统开发 / 训练和教育的系统工程方法

（ http://assist.daps.dla.mil/docimages/0002/97/82/296122A.PD1 ）

MIL-PRF-29612B

训练数据产品性能规定

http://www.dtswg.org/documents.htm

注：访问网站中有任何问题请致电 680-5574

附录B　设定考核标准（分数线）

本附录为基于知识的考核分数线（通过/未通过标准）的设定提供指南。当运用若干考核题目来衡量目标，且在目标中没有明确要求掌握到什么程度，可以利用本指南。

B-1　参照标准考核的规范

（1）对于参照标准的考核（CRT），分数线（"界限"）根据目标来设定，它以考核文档中所列考核目标的标准规范为基础。换言之，衡量单个目标的题目或一套题目就是一个独立的考核，它有自身的分数线。为了便于管理，一个单独的考核文档由多个小的考核文档所组成。（比如，每个用于操作考核的"小考核"相当于一个特定操作性考核的"测试点"，每个"测试点"就是一个用以测定不同的动手任务/技能的"小考核"。）

（2）例子，参见训练与条令司令部（TRADOC）350-70的第VI-7-6部分的段落5中的测试计划范例。在这个例子中，确定了（在每个版本的测试中）需要10个问题以充分涵盖从属学习目标（ELO）0001A。由10个问题组成的这套题，且仅仅这套题，可以提供判断每个学习者对这个从属学习目标掌握情况所需的信息。因此，这个从属学习目标的"标准"就是依照对这套题的回答，而且仅仅是这套题。

（3）训练与条令司令部（TRADOC）350-70的第VI-7-6部分的f款中的指南，此"临界"分数可以合理设定为正确回答全部10道题（100%），只要首次不通过的结果是合理的（即，系统能够容忍用以补习和重测所需的时间和资源）。注意：这种设置特别适合自学。在多数情况下，若是通过自学进行的训练，对每个目标的标准（通过分数）被设定为100%（因为时间和资源通常不是主要因素）。

B-2　考核结构错误

由于最初题目是手写的，一些书写的题目或者整套题目可能包括一些测试/测试题目的结构错误。学习者可能实际上是最终学习目标（TLO）/从属学习目标（ELO）的熟练掌握者，这些错误会导致他们不能正确作答。如果在实施后才发现测试结构错误，可以赋予这样的题目"零权重"，从而不需要补习和重测，允许其达到所分配的"临界"水平。测试开发人员应当在测试实施说明中给予测试实施部门明确的、有限的可以酌情处理的"零权重"授权，从而确保"零权重"的决定，是测试实施后与测试开发人员协调后做出的决定。

B-3 基于工作表现的考核标准

不要对同时考核的多个学习目标（LOs）任意设定一个总体的通过百分数（比如70%），这是一个很不好的考核程序。强烈建议将基于工作的考核标准设定为100%。只有在以下情况下，可以将标准设定为低于100%：

（1）100%的标准是不可行的，由于进行补习和重测所消耗的资源标准为100%，且有明确和令人信服的证据表明低于100%的标准可以区分出熟练掌握者和不熟练掌握者，或者低于100%的标准可以充分证明能力。

（2）在最终学习目标（TLO）/从属学习目标（ELO）没有明确界限时，允许设定低于100%的标准，且有明确和令人信服的证据（行业专家和考核开发人员的共识）表明低于100%的标准可以区分出熟练掌握者和不熟练掌握者，或者低于100%的标准可以充分证明能力。

（3）考核测定的是课程后期要培训的工作辅助技能/知识，对此，没有完全掌握这些知识/技能，并不能显著降低后续培训的效果（也就是说，过程步骤中的某些知识的缺乏可以在后续整个过程的培训和实践中予以克服）。

注意：对于那些在多年教学生涯中一直接受或给予"常模参照"或"界限参照"测试考核的人来说，这是新的理念。这些考核通常能接受不完美的知识/能力，这是由于完全掌握所学知识不可能完成或者仅仅是期望。在陆军训练中，我们不能不引导学员完全掌握知识。由于能力/知识不足可能导致的后果，当能力/知识必须得到保证时，通过考核达到尽可能高的标准，必要时为100%，是绝对重要的。比如，如果你今后必须要去拆炸弹的引信，那么关于某种炸弹引信特征的重要知识（事实），你愿意选择哪一点证明你不必知道了呢？在花费时间/资源来练习拆弹之前，关于拆除某种炸弹程序的相关知识也是一样。

附录C 对学习者排序

C-1 运用可用的工具

（1）本附件的目的是为学习者提供方法，以便在没有开发和使用NRTs的情况下做出常模参照下的决策。尤其，通常要做的决定是学习者在课程/班级中与其他学习者的排位关系。为了做此决定，有必要找到能精确区分学习者的数据，而不只是从通过/未通过（GO/NO GO）决定中来的排序数据。

（2）不会仅仅为了排序而编制学习能力测量/考核，这是陆军的政策。首先，通过运用学习者在考核中所得的分数，确定学习者是否达到掌握标准。达到或超过目标掌握（临界）分数的学习者，就对他最终学习目标/考核给"通过"（GO）。如若未达到掌握标准，就给"未通过"（NO GO）。不存在"几乎达到""曲线评分""分数最高的前10%为A"或"每个学生在本课程每次考核中必须得到70%"等规定。在不破坏评估工具目的的情况下，接下来将讨论对学生进行排序的可能方法。

C-2 收集排序措施的方法

（1）排序的一般标准。既通过客观数据（直接或间接得来的考核分数、次数或其他客观数据），又通过主观数据（教师、其他学习者或每个学习者的意见）来确定学习者的排序。

① 客观数据——原始考核分数。如果考核评分结果是具有一定性质的分数段，在标准得到应用和通过/未通过（GO/NO GO）的决策做出之后，就可以用这些分数来对学习者进行区分（即，排序）。比如，如果通过（GO）标准为5次成功4次，那么5次成功4次的就可计分为80%，而5次成功5次的计分为100%。

注意：将正确题目数量和所做题目总量的比设为百分数，是一个任意的数值分配。

可以用任何相对连续数字的分配方式（即，可以设定 5 次成功 4 次为 4 分，5 次成功 5 次为 5 分）。同样，5 次成功 3 次可以计分为 60%。最后一种情况，学习者未能达到掌握临界水平（5 次成功 4 次），需要补习。出于排序目的，60 分就成了学习者用以排序的"平均"分数或在重测中所取得的分数。如果学习者被迫要进行五次尝试，且一旦达到标准也没有停止尝试（在前四次中正确操作），上述程序有效。只是为了得到一个相对的百分数而强迫学生在达到掌握标准后继续进行考核，是很浪费的，不建议这么做。

②　客观数据——完成工作考核的时间。另一个用以对学习者进行排序的方法是为工作考核设定了时间标准（即，在 X 分钟内，正确组装/完成/拆卸/安放/要求/计算等）。记录每个学习者所花费的时间，那么学习者相对于标准的时间就是排序。熟练的标准是绝对的（即，在 X 分钟内），但是对熟练所用的相对时间提供了区分排序的数据。然而，在这个过程中也有一个关键的缺点。如果学习者知道操作完成得越快，就会得到更高的排名，一个完全有能力的学习者可能加快速度（非必要），可能就会出错，而如果不这么快的话是不会出这样的错的。因此，一个展示了掌握能力的学习者，可能仅仅因为他们想得到比别人高的排名，却需要补习/重测。

③　客观资源——完成知识考核的时间。虽然不是标准的一部分，如果需要，可以收集完成知识考核的时间，早完成考核的学习者排名更高。这种获得客观相对排名数据的方法的问题是：先完成的并不一定是学得更好的，"更好"的学习者，会在上交考核之前仔细检查他们的答案。如果运用这种方法，需注意这个问题。另外，在上面（2）中提到的情况，即学习者只是为了快速完成却犯了关键性错误，这也可能出现在知识考核中。这种情况不能真正体现学习者的能力，因此，如果没有达到标准，在补习和重测中也可能再出现这样的结果。

④　客观数据——完成自学的时间。也可以收集学习者完成一个单元的自学（所有学习，而不是考核时间）所用的绝对时间（任务时间）。将此时间与别的学习者所用时间进行比较，就可对学习者进行排序。尽管可以获得"按照总完成时间的排序"，但是对这种排序的隐含解释——尤其是认为完成得快的学习者，某种程度上比那些花时间多的学习者要"更好"——是一个有缺陷的假设。学习者以不同的速度学习，而自学的独特之处就是在于为学习者提供按照自己感觉舒适的速度学习的机会。根本不能说完成得快的比完成得慢的"更好"。

⑤　客观数据——尝试次数的分配。"通过/未通过（GO/NO GO）"的二分法决定获得分数的方式为，依照达到掌握所尝试的次数来分配分数。原始分数不必是达到掌握所尝试的次数，可以是分配"分数"给第一次就通过（GO）的学习者，而对在后面的尝试中

通过的学习者分配更少的分数/不分配分数。比如，在第一次就通过的学习者获得 2 分的排位分数，第二次通过获得 1 分，第三次通过得 0 分，或者按照其他的变化量。将这些"分配的分数"加入总分或者加权，那么最后的总分就可以得到一个排位序列表。然而，这种方法并不一定能很好地区分出少数的"顶尖"学习者，因为很多学习者在第一次尝试中就可以达到掌握的程度。

⑥ 主观数据——对属性的观察评定。运用观察作为对学习者排序的主观方法。对每个学习者，观察者可以开发和评估一个详细的列表，这个列表可以包括一个或多个精心挑选、可以有弹性选择的用来观察的表征。最有可能的观察者为教师、课程/课堂管理人员、其他学习者（同伴评判），或学习者自己（自我评判）。使用这种方法的关键在于：要有明确的观察标准、要有可以很好进行排位区分的衡量工具。需要观察和"评估"的学习者表征/品质包括："领导能力"、"军人仪态"、"表现"、"适应性"、"态度"、"及时性"、"乐于助人"、"形势判断"、"遵守安全规章"、"参与"、"合作"、"热情"和"沟通能力"等。（注意：尽管不如上面的方法客观，本方法可能最可行，因为它避免了上述方法中的固有问题。）

（2）技术/资源的组合。在一个教学模块、教学阶段或教学课程内，可以采用多种（1）中论述的资源来做最终的排序决定。例如，可以利用任何一种客观资源，可以将参加每次考核的学习者按照从上到下进行排序（尽管"尝试掌握"方法通常不会产生超过三个等级），也可以运用表征评价进行排序。赋予每次考核排名靠前的学习者最多的（或者最少）分数，而对处在下一等级更少的（或更多）分数，直到所有的学习者都有分数。将这些所有分数求和，可宣布得分最高（或最少）的学习者列入"荣誉毕业生"/"荣誉指挥员"名单。在此过程中，应当运用考核的权重。

C-3　排序规则

以下原则适合用于对学习者作出排序决策：

（1）不要开发仅仅为了很好区分学习者以便排序的考核。

（2）不要为易于区分学习者以便排序而选择某种考核类型。

（3）只有当每个学习者从考核结果中分配了有意义的"相对分数"，和其他学习者相比较时才可运用操作考核的数据达到排序目的。

（4）如果从操作考核中收集到的数据可使用，这些数据在解释时，可以为排序作出很好的区分。

（5）审慎使用从操作考核和知识考核中获得的完成时间的数据，因为这样的数据不是衡量相对知识和能力的好方法。且如果学习者想加快完成考核的速度（非必要），会容易出错，造成不必要的失败。

（6）如果运用观察来考核学习者的品质或表征，需确保：

① 工具完全解释、描述了要考核的表征。

② 工具具有明确的、固定的量表，这样观察者可以给学习者"排队"。

③ 观察者有机会观察每个学习者的表征/品质。

④ 观察者具备给每个学习者按其表征/品质排序的技能。

⑤ 排序中由于偏见引起的错误要尽可能的被确定和控制。

C-4　考核/考核题目对于排序的权重

上述方法可以产生用于对学生进行区分的数值（即，相对的等级分数）——无论这个值是客观上还是主观上获得的——都可以使用"所分配的考核权重"来进一步对学习者进行区分。随后，通过将这些考核/题目/表征分配的权重与相对的等级分数相乘，并把乘后的值求和，就可以得到一个人工"权重分数"，这个分数就可以用以生成所需的学习者在模块/阶段/课程里的排序。

警告：这个数值和权重的分配，权重的总和，以及随后的排序不能可靠地解释为：一个学习者在考核、任务或所观察的表征中就绝对比另一个"更好"，或者他在模块/阶段/课程中"成就更大"。

附录D 考核开发的自动化工具

D-1 本附件的应用

本附件提供了编制考核工具的各种链接，有助于基于网络的评估工具的开发。作为陆军要求，交互式课件（ICW）考核与共享内容对象参考模型（SCORM）相兼容。对于交互式多媒体教学（IMI）课件，要确保考核设计工具能够开发出SCORM兼容的考核，且对产品的使用或者对运用产品所创建的考核无授权限制。注意：下面的产品清单并未得到陆军授权。

D-2 制作工具

（1）Hot Potatoes是一种低成本的软件包，可以用以创建多选题、填空题、填字游戏等题目（http://www.halfbakedsoftware.com）。

（2）Quizmaster是一个优秀的免费生成器，既可以提供简单练习，也可以提供像大富翁一样的游戏。要生成练习，先完成网页上的信息填写，然后点一下按钮就可生成（http://cybil.tafe.tas.edu.au/~capsticm/quizman/qmhome.html）。

（3）为了在网络上提供跟踪评分的能力（多选，判断正误等），Dream Weaver，12teach和Authorware都是很好的可以利用的程序。另外，也可参见http://www.globalpresence.com.au/easyt/products的EasyT调查和评估软件，可以在http://www.globalpresence.com.au/showcase上获得一个在线范例。

（4）DazzleMax是一款赢取奖励的电子学习制作工具，可以用来快速创建交互训练、考核和展示。快捷，不必学习复杂的脚本语言，也不用面对教学设计的复杂性。

① 在用户执行拖放操作时进行交互，且操作会被计分。

② 通过捕获鼠标点击和键盘选择，实现软件仿真的操作。用户进入数据，验证数据，并能够在后面的互动中运用这些数据。

（5）Quiz Rocket是一款独特的、易于操作的考核和调查程序。和其他基于网络的工具不同，Quiz Rocket为网络用户创建互动的、融媒体的环境。运用Quiz Rocket的填空题，模板方法，你可以围绕任何内容定制考核和调查，并可以发布在网络上以便在任何地点、任何时间访问。Quiz Rocket模板设计让用户可以围绕任何主题设计考核和调查。可以有6种问题模式：多选题、排序、匹配、判断正误、简短回答和分枝题等。可以将考核和调查问题融合、匹配在同一个考核中。运用数据收集字段来收集统计信息。一个软件可以创建无数个考核和调查，每个可以多达200个问题（http://www.learningware.com/quizrocket）。

（6）RapidBuilder v3.0 Deluxe是RapidBuilder v3.0的专业升级版。XStream 3X是一种赢取奖励、100%自由编程仿真–制作技术，用以创建、定制和部署充分互动的多媒体仿真，真实再现了实际的Windows环境的功能。RapidBuilder v3.0 Deluxe包含广为熟悉的RapidBuilder的特性和功能，还包括连续捕捉实际软件应用、多媒体编辑套件、附加/插入帧、文本、图形、音频文件、记录声音剪辑、嵌入式声轨、视频、导航超链接、链接到外部文件和网页、菜单、鼠标指示动画等（http://www.xstreamsoftware.com）。

（7）AIMS–PC是为促进学校培训管理功能而开发的一种创新系统。该系统通过以下任务的自动化来实现培训管理功能：报到、学生管理、毕业和离校、维护考核题库和考核版本、考核评分和保留成绩册以及报告生成（包括毕业证书和课程证书）等。今后的功能还将包括支持培训单位学生管理的教学计划管理模块（the Program of Instruction Management Module）的功能和辅助计划安排个人培训的计划安排模块相融合（http://www.aims–r.army.mil/）。

（8）Saba Publisher让课程开发人员选取不同的题型，迅速和简易地组合成考核。Saba Publisher支持的题型包括短文、简短回答、填空、多选题、判断正误题、拖放题、匹配题等。此外，课程开发人员还能随机选择考核中的问题，设定用户完成考核的时间，定义通过考核的分数等。Saba Publisher的考核程序可以灵活创建考核，既可以基于本课程累积知识创建考核，也可以是课程的分节考核，学生必须先通过前一个考核才可继续进行下一节的学习。这些考核和陆军队所执行的Saba学习管理系统是兼容的（http://www.saba.com/english/products/pdf/Saba_Publisher_v5.pdf）。

（9）AIMS–PC使用了一种叫做LXR Test（http://www.lxrtest.com）的现成商业产品。LXR Test提供目标/考核题库，允许开发和实施操作考核。LXR Test也可打印和呈现考核，捕获电子的和记号感应答案、发布成绩册、促进了培训效果的评估。AIMS–PC包含导入/导出功能，允许用户从AIMS–PC导出班级花名册到LXR Test里面，然后再把LXR Test的分数导入到AIMS–PC里面。

附录 E 学习目标的审查和修改

E-1 分析学习目标

（1）为保证开发的考核题目应用合适，目标应该包含对操作、条件和标准的明确陈述。既然目标并不总是"整齐打包"的，通常需要搜索以发现所要求的操作，组织可用的条件和标准，并将它们按照要观察的操作表达出来。

（2）分析目标要求分别检查每一部分。下面①至③三段将表 E-1 中的示例目标分为：执行工作所需的关键任务、操作的预期条件和操作的可接受标准。

表 E-1 学习目标示例

> 使用 M543 打捞船和 M-16 吊索，打捞船操作手，即受训者在卸下 Honest John 弹头部分的操作中，能够遵照 TM9-1340-202-12 所规定的顺序操作起重机。操作地点在户外，平坦、坚硬的表面进行。

① 任务。操作起重机。目标（操作起重机）的主要目的可以直接观察到，不需要指导。

② 条件。在整个目标中陈述了若干条件，而非集中在一部分。首先，明确了要用到的装备。第二，指定了要操作的材料（弹头）。第三，描述了环境条件。最后，隐含了特别说明（要指导受训者操作起重机）。该目标使用了四种类型的条件陈述（即，用什么操作，对什么操作，环境条件和限制/特别说明）。

③ 标准。在目标示例中，标准为标准操作程序（SOP）类型。为满足目标，受训者需要遵循 Honest John 火箭系统手册所规定的顺序。学习者按顺序完成所有步骤。在目标中未表明时间标准，但是暗示受训者需在合理时间限制内完成任务。

（3）因为目标包含以上三个基本部分，所以目标不会自动适合于考核开发的目的。为确保学习目标（LO）的充分体现，需遵循下面段落中所概述的步骤。

E-2 评估任务（操作）的充分性

运用下面 1.到 4.的 4 个主要检查，来评估目标的充分性。从分为三个部分（任务、条件和标准）的目标列表入手，以便于检查。

1.确保每个任务仅涵盖一个任务，而不是多个任务的组合（单一性）。

（1）用单一的目标（每个目标只涵盖一个任务）来开发考核十分重要。要为复合目标（每个目标涵盖不止一个任务）编写试题是十分困难的。在进行下一步之前，需要把复合目标拆解为单一目标。

（2）为检查目标的单一性，需检查任务陈述。看看目标所要求的操作，并回答以下问题：

① 每个任务要求仅仅对一个任务进行操作吗？

② 所有的任务是独立的吗？（即，对一个目标的成功操作不会要求前一个目标的成功操作为前提。）

如果对上述问题中的任何一个的回答 肯定是"不"，那么任务就很可能不是单一的。仔细将这些任务细分为单一任务。通过相关渠道，将这些单一目标列表上交到目标的发起者进行核实。

（3）当将复合目标细分为单一目标时，要将符合目标的"任务"（操作）部分进行拆解。每个单一目标可能包括从复合目标衍生出的同样的条件和标准。当单一目标的条件和标准和复合目标的不同时，要改变条件和标准。

（4）修改不是单一的任务。

① 在表 E-2 中的任务示例不是单一任务。示例的目标 5 和目标 6 要求对多种不同任务进行操作，而其他目标是关于单个任务的。此外，目标中有诸多的重叠（即，缺乏独立性）。比如，目标 5 要求控制动脉出血，而对休克的处置可能和所有目标通用。

表 E-2 非单一任务示例

1.处置休克……
2.处置神经毒气吸入……
3.实施口对口人工复苏术……
4.控制动脉出血……
5.对烧伤，胸部、腹部、头部、脸部和颈部伤口，以及开放性手臂和腿部骨折进行急救……
6.正确使用止血带和制作简易担架。

② 表E-3中的步骤是对表E-2目标进行修改的一个例子，这样每个任务都是单一任务，而不是复合任务了。重写的目标现在近似为独立目标，涵盖分开的单独的（单一的）任务了。注意，运用止血带应纳入目标6（见表E-3），这不是一个独立的任务，但是这是有创骨折的正常组成部分，这里用别的方式不能止血。尽管目标5和目标6似乎看来都涵盖多个任务，但实际上不是。对头部、脸部和颈部伤口的应急处置是一个任务——处置程序没有区别。处置开放性胳膊骨折和腿部骨折的程序也是一样的。原来的6个目标现在以单一的形式呈现为8个新的目标。操作没有改变，只是细分成了单一的操作。因为对任务进行了重新定义，对每个目标的条件和标准也应当改变。

2.确保每项任务的目的明确、清晰。

（1）每个任务陈述中都包含主要目的和指标。主要目的就是关于任务的陈述，告知目标是主要关于什么内容的，即学习者需要发展的知识或技能或是操作，这是目标的目的。大多数情况下，主要目的和指标是一样的。主要目的要么是显性的（可观察的），比如："拆解M-16"；要么是隐秘的（不可观察的），比如，"识别出有毒蛇和无毒蛇外形差异"。如果目的是隐性的，需要增加一个指标来告知怎么对主要目的进行评价。

表 E-3　单一任务示例

1. 处置神经毒气吸入……
2. 对烧伤进行急救……
3. 对胸部受伤进行急救……
4. 对腹部受伤进行急救……
5. 对头部、脸部、颈部受伤进行急救……
6. 对开放手臂和开放腿部骨折进行治疗（直接按压，数字压力至压觉点，或抬高不能止血）。
7. 制作简易担架
8. 实施口对口人工复苏术

（2）当主要意图不能推断，且本身不可直接观察时，指标是目标任务的行为动词。比如，如果主要意图为"区分切割直线和切割曲线的剪切机"，就包含一个指标，则包括注入"让切割曲线的剪切机剪切卷起来的照片"的指示。这种情况下，主要目的"区分"是隐性的，不能直接观察，要求要有指标。

（3）查看目标的操作陈述，要确保目标的主要目的清晰。如果目标陈述要求展示技巧的操作，那么目标的主要目的就是清晰的。如果目标陈述不包括展示技巧的操作，那么该操作可能要求对目标的主要目的进行忽略，或者可能没有提供直接可以观察到的操作。在任何情况下，要确保主要目的是明确的，或者进行了可操作的定义。

（4）如果目的/指标不可观察或不可测量，操作考核通常是不清晰的。对于一些不明确的表达，比如"注意"、"需了解"和"知道"等，需要深入考察。在这个表达"需了解处置简单骨折和有创骨折之间的差异"中，主要目的不清晰，目标的目的未知。它可能想知道一个人是否能处置两种骨折，或者区分是不是有创骨折按简单骨折处置了。此外，这里没有指标来表明如何测量"需了解"。乍一看，该陈述似乎在陈述一个操作，但是学习者要猜测到底要求什么操作。要确保每个任务要有一个主要目的和一个指标（即主要目的=显性/隐性+指标），如表E-4。

（5）以下操作陈述的例子有明确的指标，但是其主要目的不清楚："需通过简报的三个主要部分，了解良好的做简报技巧。"指标很明确，要求一个可观察的行为——列举。但是主要目的可能看似清晰，但是"列举简报的三个主要部分"，并没有展现对做简报良好技巧的理解。上述知识表示了三部分的知识，没有体现成功做简报的能力，甚至也没有体现出某个简报是否是由三个主要部分组成的识别能力。尽管陈述了主要目的，但不清楚。学习者对主要目的不知道，而指标也不能提供对主要目的的解释。指标可能反映了目标编写人员想要测量的操作，而对主要目的的表述却不到位。或者，如果指标不到位，可以用不同的指标阐明和支持其主要目的。

表 E-4　任务组成

动词	=	显性/隐性	+	指标
理解	=	显性	+	列举
分析	=	隐性	+	书写
识别	=	显性	+	指出、挑选、陈述或识别

（6）对主要目的不明确的任务进行修改

① 阐明主要目的是本过程最困难的部分。不明确的主要目的在"软技能"领域最普遍，比如领导能力和策略。而这些领域，因为他们重要，所以要求学生要展示这些技能。设计者应当定义可操作的主要目的。比如说这个任务："监督一个单位的保障"，其主要目的就不清楚。"监督"这个词对不同的个体可能有不同意思。然而，如果"监督"被定义为某个活动的"计划、指导、监控和评估"，那么"监督"这个词的意思对每个学习者就是一样的了。

② 还存在其他一些不清楚的主要目的没有进行可操作性的定义，比如"知道"、"理解"或"注意"等，因为这些词不是行为动词。在这种情况下，回归到分析师、管事的人、或者监督者来确定这次术语的最初意思，陈述本身可能包含线索。比如，"指导如何进行积极防御"包含目的的暗示（即，"进行积极防御"）。

3. 确保操作指标简单、直接，并且是受训者已经在执行的一部分。

（1）如果目标的主要意图是清晰的，然后确定是显性还是隐性。

① 显性的主要目的是可观察和可测量的。显性的主要意图不要求有指标，他们已经告诉需要什么操作，怎么测量。

② 由于隐性的主要目的所要求的操作不是直接观察，因而就需要指标。隐性的主要目的是一个行为动词，但是操作不可观察，而指标则说明如何去检测一个学习者是否能够执行该操作。

（2）如果目标的主要目的是通过指标来加以测量，要确保指标是恰当的。一个好的指标应该是：

① 简单。尽可能保持简单。不要使用复杂的指标而掩盖了主要目的。

② 直接。当在考核环境中无法观察和实施，那么就需运用指标。这个指标应该可以不经过推理链就能确定主要目的是否得到满足。

③ 是受训者正常行为的一部分。既然指标行为本身不是训练和考核的内容，要确保受训者能够执行指标，这仅仅只是用来衡量主要意图。如果指标不是受训者正常行为的一部分，那么对主要目的就需要测量两件事——对指标的操作和对主要目的的操作。

（3）在操作陈述的示例"通过在骨骼旁边画出骨骼的图片，识别人体骨骼系统的主要骨骼"中，识别骨头是主要目的，而画骨骼的图片则是认识的指征。如果一个人能够正确在骨骼名称旁边画出正确的骨骼图片，就知道学习者能识别骨骼，不需要提示。在这种情况下，画骨骼图就是一个直接的指标，但是画图不是一个简单的指标。更糟糕的是，画出骨骼图足够证明学习者可以识别骨骼，但并不是受训者正常行为的一部分，除非他会很熟练地画插图。这样受训者可能因为糟糕的画画技术达不到目标要求，而不是因为他们不能识别骨骼。该指标不好还有另一个原因，主要目的是识别骨骼，但是该指标要求要记住骨骼什么样子，并要画出来。对此主要目的一个较好的指标为"通过在骨骼图旁边写出骨骼名称，"或者更好的指标为"从名称列表中选择正确的名称并将之写在相应的骨骼图形旁边。"

4. 要确保每个任务包含一个行为动词。

（1）检查确保用精确的、可操作性的术语来撰写操作、条件和标准等，这样的陈述可以很容易地转换成行为。对于操作的描述，要检查主要目的是不是清楚，指标是不是恰当。在这一点上，对进一步检查目标的操作陈述是有帮助的。

（2）确保每个目标精确陈述的是个体要做什么。使操作陈述尽可能清楚，方便对操作进行培训和考核。以下目标包含所陈述行为的例子：

① 爬电话线杆。

② 拆卸 M-16 步枪。

③ 陈述使用止血绷带的条件。

④ 伪装头盔。

⑤ 将两个五位数字相加。

（3）在上述（2）中的每一个操作陈述都包含一个行为动词。该动词通常是操作的关键，告知该做什么。比如，在（2）的③陈述中，行为动词为"陈述"。你可以让学习者陈述这些条件来测试他们的能力。如果操作陈述为"鉴别止血绷带的使用条件"，了解学习者何时"鉴别"使用条件则很难测试。有时候，行为动词不是培训和考核操作的关键，它只是指明操作。当你不能指出操作本身时，行为动词可以明确该操作的恰当指标。比如，考虑上面的陈述⑤，很清楚，行为为"加"。要知道一个人什么时候可以成功将两个数字相加需要一个指标，所以相加的行为是不可观察的。在这个例子中，给操作陈述加入一个指标（即，"用书面形式将两个五位数相加"）。尽管"书面"是可观察的行为，而该行为的主要目的是加，不是书写。如果操作的陈述要求一个不能直接观察到的行为（包括主要目的），就需要增加一个恰当的指标。

（4）要确保每个操作陈述使用了一个特定的行为动词。表 E-5 给出了目标操作陈述中常用的动词范例。参见陆军训练与条令司令部规章 350-70 的附录 D，了解完整的动词列表。

表 E-5　动词实例

非行为动词	特定的行为动词
欣赏	刹车
注意	检查
熟悉	标识
知晓	陈述
理解	转动

注意：尽管上述的动词实例通常用以说明目标的操作，但只有右栏的动词是适合的。

（5）对不包含行为动词的任务加以修改。确定一个任务不包含行为动词之后，对任务进行重写。分析任务陈述以确定其目的。比如，对于以下任务："知道……之间的差异"、"知道……的特征"或"了解……的功能"，每个都不包含行为动词，但尝试表明其目的，将任务重写为："陈述……之间的差异"、"列举……的特征"或"解释……的功能"。任务分析数据也可以为行为动词提供一定线索，研究操作的要素以确定行为动词。如果有需要，可以返还给工作分析人员、相关责任人或监管人员，以确保每个任务陈述包含一个行为动词和该行为的对象。

E-3 对条件充分性的评估

1）要确保条件和标准的陈述是完备的，并且是用精确的、可操作的术语进行书写的。考核题目的编写取决于完备条件的描述（参见表E-6）。比如，要为任务"跑1英里"编写考核题，就要将该任务和一项工作关联起来（在这种情况下，要求承担工作的人背负40磅重的包、在8分钟内跑上坡度为10度的斜坡）。此时，在对目标的分析中，有两个主要需要关注的问题：所指定的条件是完备的；条件和任务相匹配。

表 E-6 考核题目描述等式

任务 + 条件 = 考核题

（1）检查条件陈述的完备性。为建立考核的条件，目标的条件应该提供全部所需信息。条件详细说明工具和设备、专门的工作助手、手册、得到的监督/援助（如果有的话）、特定的物理要求、环境条件以及任务操作的地点等（参见表E-7）。为恰当构建一个考核，要确保能获得所有这些信息。参见表E-8了解条件陈述的范例。

表 E-7 条件完全的列举范例

任务	条件
	工具/装备
	手册/参考书
	监督/援助
	特定的物理要求
	环境
	光
	可见性
	降雨
	温度
	噪声
	工作地点

表 E-8 条件陈述范例

任务	恰当条件描述	恰当条件
维修45千瓦（kW）发电机	提供一台坏了一个轴承的45千瓦（kW）发电机	提供一台有故障的发电机
更换前手柄	白天、一般野外条件	一般条件
确定电流	使用一台万用表	利用恰当的考核设备
组装模型飞机	使用 M2A1 环氧树脂	使用正确的胶水

上述每个不恰当的条件中，还需要一些补充信息，比如，发电机的类型、条件的类型、正确的测试设备、正确的胶水等。如果要求额外的说明，这些条件是不完备的。

（2）检查条件陈述和任务是否匹配。

① 要确保所说明的条件和任务相匹配。在表 E-8 中，第一个例子的正确条件说明了是一台 45 千瓦发电机，因为该任务表述为："维修一台 45 千瓦的发电机。"如果任务表述为："维修发电机"，就不需要在条件中特别说明"45 千瓦"。这样的任务就是一个不同的任务，因此恰当的条件应当表述为"提供一台有故障的发电机"。

② 要确保条件的陈述说明了所有可能影响任务操作的条件。比如，如果要求在"完全黑暗条件下"维修一台 45 千瓦发电机，那么任务的操作就会受到影响。另一个例子为散兵坑的修建。欧洲和美国大陆使用挖掘壕沟的工具挖散兵坑，而在阿拉斯加则为锥形装药。尽管任务似乎一样，但它们却大不相同。编写能够测量任务操作的考核题需要对所有的条件加以说明。

2.对不完备或者与任务不相匹配的条件陈述进行修改。可以运用以下的信息源来获得条件：

（1）检查工作分析数据。工作分析数据和工作操作测量可为执行一项任务的条件提供线索。

（2）检查可以用到的参考文献。

（3）联系行业专家（SME）。另外，当不能发现条件陈述的缺陷时，不要猜测，要写信告知和行业专家一道检查。

E-4 对标准充分性的评估

1.对标准的评估。

（1）每个考核题应当详细说明对操作进行评估的标准。换言之，要确保每个标准来表明操作完成得多好或者多快（或者二者相合）。如任务和条件一样，要在目标中清楚说明标准，以便指导如何培训和考核。比如，目标中这么写道："在标准办公条件下，能够运用计算机相对准确打字"，那么此目标就缺乏对标准的清楚陈述。没有速度和精确度的标准，就无法知道培训学习者打字打多快，或者学习者要达到目标，需要打字打多快才能通过参照标准测试（CRT）。一个完整的目标应当为："在标准办公条件下，运用计算机每分钟打 50 个单词，并纠正达到精确（对每个错误扣除一个单词/分钟）。"这个目标提供了训练需要实现的标准和学习者需要在考核中展示的操作水平。

（2）以下六个特定类型的标准指明了要多好（质量）或多快（时间）去执行一个行动或完成一个产品。一个完整的考核题目至少应该说明六种类型标准的一种。通常，一道题目融合多个类型的标准，比如包含质量和时间规范。

① 标准操作程序（质量）——操作要和特定的标准操作程序（SOP）相符。这个标准指明：操作是完整的，并且所有操作步骤要按序进行。例如：提供一张标注了前方观察员和敌军位置的地图；受训者必须依照美军步兵学校作战手册所规定的顺序，下达"需要开火（call-for-fire）"的指令。

② 零误差（质量）——操作百分之百精确完成（或者结果完全正确）。例如：受训者在 4.2 迫击炮目镜上按特定密尔角建立象限，受训者必须完全按照被告知的密尔角（如，345）建立。如果受训者少了 1 密尔，就没有达到标准。

③ 最低可接受水平（质量）——操作要满足特定的最低可接受水平（或者结果满足特定的容限）。比如：运用标准的口腔温度计，给病人测体温并记录，精度为最接近于 2/10 度。最小的可接受标准即为最接近的 2/10 度，而非最接近的十分位。

④ 主观质量（质量）——操作取得某些在质量上能够测量的特征（或结果具有某些主观特征，比如靴子必须要光亮）。比如：能够降落 UH-1D 直升机，先关机，运用自动旋转，实施从 1000 英尺高软着陆。"软着陆"的标准是定性的。要仔细将主观质量标准定义得尽可能精确，这样两个观察员在大多数情况下才可能取得共识。

⑤ 时间要求（时间）——操作应当以某个最小速度完成。比如：运用台式计算器，正确求多组五位数的乘积。要求受训者要在每分钟之内得出 10 个这样乘法运算的正确答案。既然有时间要求，那么受训者迅速利用这种计算机求乘积就非常重要了。如，打字员每分钟打字数量是一个类似要求。

⑥ 生产速率（时间）——操作会有一定的日产量或月产量（以一定的速率完成产品）。比如：一个三人布线小组在中等难度的地形情况下，能每天完成 3 英里的布线任务，包括布线和接好接头（至少三处不同位置的接头）。这个例子中，最重要的成就是每天布线的数量，而不是在线布上的速度。

2. 检查标准，确保完备。

（1）完备的标准指明输出的确切性质，输出包含特征数量，所涉及的步骤、点、片等的数量，以及表明与总量可接受比例的定量陈述等。

（2）任务操作的输出通常认为是产品。执行任务的实际过程有时就是产品，或者是过程和产品的组合。比如，任务"列出战争的原则"的产品就是一个书面列举；"演奏小提琴"的过程就是弹奏每个音符；"烤一片面包"的过程和结果是和面与烘烤，然后产生尝起来像面包的成品的过程。

（3）产品的特征的数量。包含对产品恰当的描述，比如："列举"需要包含"战争的原则"。如果产品涉及一个过程，应该包含完成的步骤，比如："制作面包的 9 步骤"。最后，需要有定量的说明，比如"按顺序执行所有的 9 个步骤"。

3. 检查标准，确保准确。准确的标准表明要求多么接近正确（恰当）操作，以及可接受答案/操作所认定的精确的容限、值和维度等（这些可能是定性的）。目标标准要建立在工作之上，其他时候建立任意标准是武断的。无论哪种情况下，标准都是绝对标准，其中不允许操作错误，没有可接受误差的余地。比如："跑 1 英里"的绝对标准是 8 分钟。意思是要成功完成此任务，要正好 8 分钟完成跑 1 英里，不能多也不能少。通常不运用这种类型的标准，而是允许一个范围，如"7 到 9 分钟之间"。提供一个容限（比如"3 ± 0.2"）值，比如：牛排中间显露出中度的粉色或者维度，比如：牛排可以是 _____ 或 _____，运用客观的观察，指示受训者是否操作正确。

4. 修改标准。

（1）对标准的错误之处进行修改。不完备的标准需要查看任务和条件，并决定操作的结果。比如：任务"射击 M-16A1 步枪"的结果，就是圆形的弹药、沿着轨迹飞行、命中目标。要确保标准说到了目标，以及命中目标多少次。

（2）如果标准不精确，增加必要的细节说明。比如，接近正确操作的程度，或者产品允许的容限值和维度。从任务分析、参考文献（战场手册、技术手册等）或行业专家处了解更多线索。

附录F 交互式教学课件考核及测量

F–1 CMI管理跟踪功能和操作跟踪功能

计算机管理教学（CMI）。ICW发展的一个重要方面是考核和考核题目的设计，以及CMI的设计功能和记录。设计ICW之前，检查所选的编辑软件，确定数据收集和分析的限度。开发ICW测试考核来衡量与每个操作任务或TLO有关的知识技能。作用是ICW制作与学生考核和衡量数据收集有关的软件。表F–1是对CMI所含功能的描述。

F–1 CMI管理跟踪功能和操作跟踪功能

序号	管理跟踪功能	操作跟踪功能
1	学生在ICM课程进行注册	采用不同类型的考核项目（如，数字化视频、图形和动画图像）
2	学生进入该课程的切入点，常常以操作预测或此前的"书签"位置为基础	有关考核项目和考核阶段学生操作指标的数据收集
3	学生可以退出一次课的学习并且以后可返回此处	有关预考核、嵌入式考核、一节课或课程阶段考核以及后期考核的题目要及时反馈给学生
4	学生进入ICW的路径文档，还有花在具体功课、具体阶段或具体题目上的时间	确定学生对目标掌握的情况
5	从该课程中对学生进行除名	报告学生的操作信息

F–2 ICW课程考核

通常，ICW课程中的考核类型为预测和标准考核。预测是在开发ICW课程和学生进入一次ICW功课学习之前进行的考核，用于衡量学生达到每个目标的能力。标准考核用于测试学生达到目标要求的情况以及ICW课程的有效性。在设计ICW课程时：

（1）根据学生预测成绩将其从"需要知道"的信息中划分出来。这样就不会强迫学生学习已经知道的项目，从而减少其厌倦情绪。

（2）告知学生考核的题目数量、预期完成考核的时间，以帮助学生衡量考核强度。

（3）在学生还不了解考核内容时，允许其"退出"预测。强迫学生参加考核会对学习境况产生不必要的压力。

（4）提出明确的提示。包括更改答案的选项，减少学生在实际掌握目标时发生错误的可能性。

（5）为学生提供评估已完成考核的方法。如果学生回答错误，随后意识到该错误，就要允许学生纠正答案，如同用铅笔答卷的情形（可以擦掉）。

（6）及时对学生的答案作出反馈，与学生回答提供及时反馈，减少混淆，提高考核的学习价值。

（7）设计补救程序，使得计算机以交互的方式为学生"解决"问题（提供实时帮助），而不是仅仅提供正确答案。当学生作出部分正确答案时，计算机就会指出学生的错误之处，并邀请学生从该处继续作答，以节约学习时间。

F-3　考核学习者使用 IMI 的两种主要方法

（1）模拟/实际操作考核。此方法要求学习者进行模拟任务（TLOs/ELOs），或是在 IMI 系统的限制范围内对 TLOs/ELOs 进行实际操作，从而证明对其是否掌握。

注：这是通过 IMI 进行考核的首选方法，使用本方法尽可能使用多媒体。

（2）基于知识（笔试）的考核。这种方法是用于评估学习者达到 LO 操作要求，测试其对事实、原理、过程等方面的应用能力。知识性考核一般使用论文撰写、简答题、匹配题、拖放题以及多项选择题。

注：计算机不能为论文撰写考核进行评分，需要评分员为其打分。

F-4　IMI 考核过程的设计、开发和实施程序

1.使用视频、音频和部分图形及模拟方法，使得考核尽可能与现实相近。这一方法能够：

（1）提高学习者的兴趣。

（2）便于学习内容转换。

（3）增加学习者的记忆。

注：若开发 IMI 的人员不开发考核，则要在产品形成之前进行合并，这是因为测试

和培训使用许多相同的的视觉效果。

2. 开发模拟操作考核，要求具有二维或三维的模拟效果。确保所开发的考核尽可能模拟真实环境；要求学习者通过综合运用教学材料中的知识与技能来完成模拟考核。这保证了学习者达到训练目标或要求的水平。考核要求的操作是一种尽可能与真实环境接近的模拟操作，以确保学习者能够在真实任务下、真实环境或预想条件下，完成操作任务。计算机能够：

（1）根据测试计划，随机选择和排列有效的考核项目／项目组，对考核计划基础上的每一项目标进行充分衡量。

（2）随机选择常见的设备故障、场景以及控制和指标设置，从而允许多个考核／考核项目的验证版本存在。

注：谨慎使用随机选择，以确保每个项目／组得到充分的验证。若对考核项的有效性存在疑问，则不要使用随机选择方式。适当使用所提供的、验证过的考核。

（3）在学习者反应的基础上，储存并反馈给学习者和实训人员。

（4）在学习者反应的基础上，仅对所需目标的重新训练／修订进行分化。

（5）收集和传输考核及考核项目分析数据。这就允许在实时区域和任务真实性两个方面最大限度发挥计算机的能力。

3）设计技巧以上F-2（3），F-2（4），F-2（5）和F-2（6）段落中描述。

F-5 考核方法设计

由设计人员就考核材料来决定最有效和最适合的考核方法。考核可能包括设备模拟操作、视频问题和文本问题。

（1）模拟操作考核。对所需考核提供所需性能的二维或三维模拟。该考核通过要求受训人员综合应用训练材料中的知识与技巧完成模拟考核，这种考核模拟了真实的工作环境。

（2）发现（启发式）考核。向学习者提供模拟真实工作环境的问题解决式考核，提供对模拟环境不充足、不完整、混淆不清或不相关的刺激性信息，要求学习者综合所学知识、应用所受训练解决模拟操作中提出的问题。

（3）简单游戏考核。以游戏的形式对考核项目进行测试。

F-6　考核准备

交互式多媒体教学（IMI）实际操作导向的和CRTs考核。这些考核用于确认训练目标是否完成、并衡量学习者掌握所学内容的实际水平、或能够针对训练目标的标准进行操作。

1. 准备考核。

（1）设计和编写考核、考核题目或考核题目集。

① 随机选择适合的题目或条件。

② 为学习者提供反馈。

③ 确认受训人员以前所掌握知识的范围。

④ 创建考核版块和考核项目。

（2）选取课程中使用的图形

①快速展示图形。

②增加考核和练习的真实性与交互性。

2. 在考核目标的基础上选择IMI的图形类型。

（1）相关设备使用真实设备的图像（视频或计算机图形）。

（2）软技能的决策采用线性运动（视频和音频）场景，学习者可以选择适当的行动过程。

（3）对考核项目或考核形式的识别可以采用其图片或图画。确保图片或图画清晰、崭新、不失真。

F-7　考核实施选项

1. 作为IMI设计的一部分，实施IMI考核有两种IMI选择：

（1）集成在模块内的合成考核。IMI考核完全嵌入于教学模块，作为总单元的一个部分，包括考核目标、材料演示、实践、测试、修订和反馈。测试后的实际"打分"是在实际模块内部或外部完成的。见F-9节。

（2）单独的IMI模块测试。这个选项设计完全独立于IMI课件，在学习者准备好参加后期测试之后进行管理。为优化使用，要增加学习管理系统（LMS），以控制交付考核版本的选取，以及实际交付给学习者的工作平台。

2）为进行测试控制，您可能希望教学演示软件与测试课件分开。在测试控制没问题时使用嵌入式测试，结合修正加快运行速度。所选IMI编辑工具的能力和LMS也可以在另外一种运行方法上，指令要运行的特别测试方式。技术性认可——诸如高质量的、交互式的和/或分布式的模拟方法，可以作为单独条目对课件的测试下指令。

F-8 IMI 测试验证

为确保IMI测试的合理实施，以下讨论与IMI测试验证相关的独特之处以及检测描述：

（1）由于学习者在大多数情况下没有提问的机会，因此要确保测试指令绝对清晰、完整、不含糊。

（2）确保学习者对设计好的测试项目做出反应。

（3）确保设计的所有链接、许可项、审核和导航功能按照设计起到作用。

（4）确保测试中使用的图形、视频和模拟清晰、无歧义。

（5）在测试设计的基础上，确保学习者有能力对其在测试中的反映进行复审/更改。

（6）在测试方案的基础上，确保对学习者的反应进行了录音/保存/传输。

F-9 测试分级

1. 测试结束时，根据教学设计以及课件选择所选用的软件程序的功能，有两种分级方法对测试项目和考试打分。无论测试属于整个IMI课件模块的一部分还是作为独立的模块进行管理，均使用这两种方法。"打分"是确定"划分等级"的第一步。因此，"评分"一词就用于描述"打分"和确定通过/不及格的"等级"。

（1）课件的内部测试评分：IMI模块和课程本身使用了内部固有的编程功能，可对学习者的反应进行评价、划分等级，并就其作出反应的正确或不正确给出反馈。另外，也可以设计IMI进一步确定整体分数，将此分数与成功/不成功的标准进行比对，为学习者提供反馈，表明其是否达到标准要求，即，给出一个成功或不成功的"分界线"。

（2）课件的外部测试评分：许多IMI程序和课程使用执行程序"分级"功能的外部LMS。这些功能可能包括对学习者最原始反应的评价；原始评价的评分，或者学习者提交的对原始评分的反馈；对总体分数的确定；学习者的得分与成功、不成功标准的对比；以及必要时能够提供反馈与补救的分支。学习者的原始反应从IMI课件模块输送到LMS进行"评分（等级划分）"。

2. 测试项目的特征，是能够表明选择使用哪种分级方法。根据这一特征，一次课程就不能在内部对一个需要人工分级的测试项目进行分级。课件须将学习者的测试结果传至LMS，以分发给教练／评分员，最终反馈给学习者。IMI编写测试软件的功能和相关的LMS在选择的分级方法中是不可或缺的一部分。如果选择电子分级方法测试，作为所选分级方法的一部分，要考虑提供给学习者的分级结果和反馈速度。由于要求的通讯链接的特征，加上链接本身有中断的风险，使用LMS进行分级可能是缓慢的方法。

F-10 测试反馈和补救措施

测试完结时，提供给学习者能够使学习经验最大化的质量反馈和补救措施。尽快遵守以下评分方法，从两个层面给出反馈和补救方法。

1. 全局层面。全局层面上，学习者应该收到：

（1）测试成绩信息。

（2）适时的小测验（部分测验）成绩信息。

（3）对那些没要达到规定标准（达到分数线）的地方，要进行规定性或诊断性的训练链接（自动链接或学习者手动）的。

2. 测试项目层面。在测试项目层面，至少要提供给学习者的信息是，遗漏了哪些测试项，其正确答案是什么。以下特征可取但非必需：

（1）将具体训练材料的超链接（如，技术手册、表格和图表）与测试标识为缺陷的地方相关联。

（2）对学习者的错误回答进行修正。

F-11 学习目标和SCORM规则测试

按照陆军分散式学习IMI第二十一条规定，通过陆军LMS，或存储于陆军DL学习对象存储库，确保ICW测试的进行，这些就是共享内容对象参考模型（SCORM）。将ICW测试设计成一个单独的共享内容对象，学习者在需要参加测试时就可"打开"使用。以下是额外的一些参考指南：

（1）最新陆军SCORM IMI具体设计条目见http：// www. atsc. army. mil/ itsd /imi/ Documents/ IMISOWTemplate_ Jan03. doc，可链接到IMI工作声明。

（2）陆军对SCORM 课件的验收标准见网页http：// www. atsc. army. mil/ itsd/ imi/ Accept Criteria. asp.

（3）最先进的DL SCORM具体条目规定见网页http：// www. adlnet. org.

词汇表

第一部分　缩略语

APFT　Army Physical Fitness Test　陆军体能测验

ASAP　as soon as possible　尽快

CBT　computer-based training　基于计算机的训练

CD　compact disk　光盘

CMI　computer managed instruction　计算机管理教学

CRT　criterion-referenced test　参照标准考试

CTDPP　Course Test Development Project Plan　课程测试开发项目计划

CTP　Course Testing Plan　课程测试计划

DL　distributed learning　分布式学习

ELO　enabling learning objective　值得信赖的学习目标

IAW　in accordance with　依照

ICW　Interactive Courseware　交互式课件

IMI　Interactive Multimedia Instruction　交互式多媒体教学

IU　instructional unit　教学单元

JA　job aid　工作辅助

kW　kilowatt　千瓦

LAP　Learner Assessment Plan　学习者评估计划

LMS　Learning Management System　学习管理系统

LO　learning objective　学习目标

MOS　military occupational specialty　军职专业

MSC　major subordinate command　部署司令部

NRT　norm-referenced test　常模测试

QAE　Quality Assurance Element　质量保证要素

QAO　　Quality Assurance Office　质量保证办公室

QC　　quality control　质量控制

SAT　　Systems Approach to Training　系统性训练方法

SCORM　Sharable Content Object Reference Model　共享内容对象参考模型

SEP　　Student Evaluation Plan　学生评估计划

SME　　subject matter expert　相关领域专家

SOP　　standard operating procedure　标准操作程序

TD　　training development　训练开发

TDPMP　Training Development Project Management Plan　培训开发项目管理计划

TDT　　Test Development Team　测试开发团队

TLO　　terminal learning objective　最终学习目标

TRADOC　United States Army Training and Doctrine Command　美国陆军训练和条令司令部

USAMPS　United States Army Military Police School　美国陆军军事警察学校

第二部分　术语表

• **作弊**

超越测试规则的界限，完成测试形式的行为。包括把他人的作品当做自己的上交、使用测试条件所禁止的信息资源或工具或以测试所禁止的方式与他人共同完成的测试等。

• **工作助手**

用于确定或确保遵守过程或程序。执行性顺序列举活动的诸要素，在每个要素完成后，通常有个检查标记。

• **测试**

指明要操作的重要行动的行动列表，这些重要行动可以客观观察和测量，以确定学生相对于预设标准的目标表现，如果有，包括操作的顺序、确定需要完成的步骤等。使用绝对度量标准GO或NO GO度量，操作者执行或未执行在学习目标中描述的行动，达到或未达到操作标准。

• **补充完整题目**

对一个或多个缺失部分，补充完整（填充）短语、句子等的题目。

•**条件**

目标的主要部分之一。告知学习者需用什么进行工作；在什么条件下去展示操作；学习者对什么进行工作；起点和限定、特别说明等。

•**关联性**

两个分数或度量标准之间的关系，分数伴随其他因素的变化而变化的趋势，如IQ高的学生具有比一般学生阅读能力高的趋势。两个变量之间存在强烈的关系（即，高度相关性），并不一定表明一个变量对另一个变量构成因果影响（见相关系数）。

•**标准**

用以测量事物的标准。在陆军训练中，任务或学习目标标准是对士兵/学习者表现的度量工具。在考核效度确认中，它是与某个测试仪器相关的标准，以表明精确性。运用此精确性，可以预测人在某些特定领域的表现。在评估中，它是确定结果、过程、或行为的度量。

•**标准参照测试（CRT）**

相较于个体必需的技能或知识，标准参照考核（CRT）用以测量个体能够成功执行某项任务的技巧或知识。学习者的能力是和外部标准进行比较或者操作标准进行比较，这个标准通常通过对某项任务进行分析得出。

•**难度指数**

用于测试题目分析的测量工具，表明答对该题目的受试者所占的百分比。

•**区分指数**

用于测试题目分析的测量工具，对掌握或未掌握者的表现进行比较。

•**分散式学习**

通过运用多种方式和技术，在恰当的地点和时间，向士兵和单位提供标准化的个体、集体或自发训练的实施方式。远程学习可能包括师生的同步或不同步交流，也包括不接受教师指导的自主学习。

•**干扰项区分指数**

用以对知识测试多选题进行分析，并通过计算机进行运算的测量工具。与歧视指数相似，同样运用掌握/未掌握划分，其数值为针对每个干扰项的计算。对此数值的解释表明多少人掌握了，每个干扰项各有多少未掌握者选择。需要这样的信息，以便对每个干扰项进行适度修改。

•**分布（频率分布）**

分数由高到低或者由低到高的排列表，表明获得每个分数的个体数量，或每个分数差值。

- **入门技能测试**

在接受新的教学之前的预测试，作为先决条件，用以确定学习者是否已经拥有必要的某种技能或知识。

- **入门测试**

为了开始一个新的课程，包含基于期望学习者必须掌握的目标而设定题目的测试。根据教学系统发展方法，入门测试用以确定学习者是否具备进入课程的必备技能。入门测试评估学习能力，并将它们与所需的学习者入门行为进行比较。美国陆军军官警察学校（USAMPS）很少应用入门测试。

- **等价形式**

某个测试的两种或多种形式之一。这些形式在内容特性、所包含题目的难度上相近，用于一个既定组群会产生相近的平均分和差异性。

- **反馈**

由训练系统外部和内部提供的、表明系统或结果效率和效能的信息和数据。那些关于培训结果的效率和效能的信息和数据会提供给相关组训人员。此外，向学员提供有关训练表现的信息。

- **逼真度**

测试题目、实际演习中的行为、条件、暗示和标准与实际战场中的这些项目的近似程度。

- **动手操作测量**

测试受训者在所训练设备上操作能力的一种测量方法。比如：发电机维修的动手操作测量就要求受训者实际修理发电机。当使用这种方式时，动手操作就被认为是高度逼真的测试（只需要进行内容和标准效度确认）。由于这种测试本身逼真度高，其有效性不会受到影响。

- **内部一致性**

确定信度的一种方法（通常被称为半分法）。本方法中，奇数题目（#1，3，5，7等）和偶数题目（#2，4，6，8等）相关联。该相关性给出了测试可靠性的指标。

- **试题分析**

确定题目是否按预期运行的过程。同样，使用单个测试题目的分析结果来确定题目的有效性。还常用以获得对培训缺陷、成绩异议的反馈，以对测试的版本进行改进。

•掌握者

能胜任给定任务操作的个体。掌握者能执行他们接受过培训的任务。预期掌握者是通过训练或合理经验可能通过测试的人。然而，在引起并存效度上，"掌握者"真正是用"预期通过者"代替，直到他们通过测试。

•掌握

完成和通过了标准参照测试（CRT）的训练课程开发的测试。完成表明受训者可以按执行任务的最低或更好水平执行任务。

•连线题目

要求将一个列表和另一个列表进行正确连接的一种测试题。

•平均数

利用总分数除以分数个数，来计算一个算术平均分。

•多选题

一种受训者需从给出的多个答案或选项中挑选出正确或最佳答案的测试题。

•未掌握者

没有掌握的操作者，对被测试的主题问题存在知识不足或未受恰当训练的人。那些根据培训和经验，无望通过测试的人。那些没有对相关材料接受培训的学习者就是该材料的未掌握者。

•正态分布

分数或测量值的分布，在坐标图中呈现独特的钟形。正态分布中，根据精确的数学等式，分数或测量值相对于平均值呈对称分布，在平均数以上多个样本和平均值呈现不同的距离，该距离与平均值以下的样本呈现的距离相等，这些样本集中于平均值附近并按照一定的频率减少，并越来越远离平均值。假设精神和心理特征呈现正态分布对很多测试开发工作十分有用。

•常模参照测试（NRT）

一种将个体的考试成绩与其他学习者成绩进行比较，而不考虑目标规定标准的测试方法。根据其他学员进行同样考核的表现，并根据相关标准（如班级排名）而不是绝对标准（如工作能力）对学习者进行评分。

•客观测试

评分员对学习者作答不存异议的一种测试，是与主观测试（比如，对常见的短文测试，不同的评分员可能会给出不同的分数或等级）相对的一种测试方法。

• **平行形式**

运用可信度估算，这种方式通过平行测试对学习者群体进行测试，得出测试信度的估值。该术语还指对同样的材料准备两个测试。平行测试长度相当、难度相当，不包含重复的测试问题。

• **百分数**

（1）分布的点（分数），通过一个给定的百分数，表明样本的百分位比该值低。因此，百分位排名第 15 位，该分数指的是比 15% 的分数低。"百分比位"与受试者答卷中正确答案所占的百分比没有任何关系。

（2）范围为 100 以内的一个值，表明等于或低于分布的百分数。比如，百分位为第 95 位的分数，表示该个体比 95% 的参加此次测试的人表现都好。

• **百分位等级**

分数在分布中的百分数，等于或低于该分数对应的排名。

• **操作测试**

相对于笔试，本测试要求受试者做出动手或其他运动反应。通常，但不总是设计对具体装备或材料的操作。"操作测试"也可以在另一种意义上使用，表示此测试实际上是一个工作实例的测试。这种测试包括笔试（比如，会计测试，进行速记、校读等），唯一需要的材料为纸和笔，但测试答案和所需要的行为是一致的，针对这些行为，这些信息是需要的。

• **φ 系数**

用于标准参照测试题目的一个简单统计方法，如果表示以下两种情况数据可用：哪些人通过了哪些题目；哪些人是"掌握者"或"未掌握者"。

A=通过该题目的"掌握者"的数量

B=未通过该题目的"掌握者"的数量

C=通过该题目的"未掌握者"的数量

D=未通过该题目的"未掌握者"的数量

φ 也用作衡量两次测试法的信度，和并发或预测效度。在这种情况下，公式保持不变，但是字母指的是不同的测量量。

• **能量测试**

旨在衡量性能水平，而不是响应速度。该测试没有时间限制，或者时间限制很宽。所有军队知识测试应该是能量测试。

•实际约束

条件和标准保持目前规定的约束，如时间，金钱，设施，安全，人员，监督等影响考核项目管理的因素。例如，要求发射核弹的目标有实际的限制；这需要在测试项目将目标替代发射"虚拟"核弹。

•实践效果

以前的测试经验对以后同一测试的管理或类似测试的影响。通常，第二次测试的分数增加，归因于对方向、种类等问题的熟悉程度增加。当测试间隔小，两次测试中的材料非常相似时，实践效果最大，而初步测试代表了一个相对新颖的体验。

•预测

在课程提出指令之前的一种测试，用于免除学生的课程、课程内的指令或模块。该测试与课后测试并行，这也是培训前对士兵或文职人员任务能力的评估衡量。作为衡量性能标准，结果侧重于对士兵或文职人员需要知道的训练，并与规范的培训相关联。作为分级考试，其允许测试课程的从课、课程的模块或阶段。参见"操作测试"和"课后测试"。

•过程测量

测量过程，而不是产品。 过程测量是指当一个目标指定为一系列可观察到的性能时，性能与最终产品一样重要。当产品与流程无法区分时，或产品由于其他约束原因而不能安全测量时，也是适用的。 过程测量通常需要观察性能是否正确和/或足够快地按照正确的顺序执行。过程测量的例子是人正确执行军事训练和仪式的"表面"能力（GO/NO GO）。

•产品测量

测量产品，而不是过程。产品测量适用于如下情况：（1）指定的目标产品；（2）产品是可测量的存在或特征；（3）产品的过程可能不同但不影响产品。产品测量的一个例子是观察武器是正确组装。没有必要看武器的重组（过程），因为产品测量只是观察是否正确组装。

•评定量表

一种从连续排列中选择相应评价等级的测量设备，比如从低到高，或者由好到坏。当使用评定量表评分时，给出学生需要达到目标规定标准。评定量表也可以在教学开始时评估输入行为，等级量表通常显示 3 至 9 分，表示从低到高的性能。

•原始分数

测试中获得的第一个定量结果。通常是正确答案的数量，正确的数量减去错误的数量部分，答题的时间，错误的数量，或类似直接、稳定、持续衡量。

• **记忆题**

要求考生通过回忆提供正确的答案的项目，与识别项目对比，识别题仅需要确定正确的答案［如"哥伦布发现了美洲＿？＿"回忆项目，而"哥伦布在（a）1425（b）1492（c）1520（d）1546 发现了美洲"是一个识别项］。

• **申请复议**

学生对测试项目异议提出的正式挑战，并说明挑战的理由。

• **识别项目**

要求受训者在两个或两个以上给定答案中识别或选择正确答案的项目。参见"记忆项目"。

• **可靠性**

每次使用测试项目得到一致结果的程度。确保测试项目的有效性，就要随时检查测试项可靠性。可靠性是"一致性"或"反复性"的同义词。如果在多个场合中相同个体识别结果相同，则认为测试是可靠的。

• **补习教学（或"补习"）**

补习教学是指测试评分后准备重新测试，为没有掌握学习目标的学习者提供额外的或重新训练的学习活动或事件。

• **代表性样本**

代表样本是反映或代表要测试人群的样本。为了试验一个测试样本的测试条目，要保证样品中的人员能够代表整个被测试的群体。因此，如果针对完成基础战斗训练的人员进行测试，则要安排一个完成基础战斗训练人员的代表性样本。如果一个测试是电工测试，测试的对象是这个领域的群体的代表，而不是其他领域的人。

• **重新测试**

重新测试就是对学习者进行第二次或更多的测试，涵盖了没有通过前面测试的学习者。

• **敏感测试材料**

学习者的测量/测试材料，通过控制其自然属性，保证测试的有效性，否则测试的目标就不会达到。敏感材料可能包括，但不局限于：单独的测试项目，测试手册，测试管理指南，兼职测试材料，"订货单"和"记录"，清单和评分点，用于表现和基于表现的练习和测试等。

•模拟

不使用真实的设备，在考核条件下复制可能发生的实际现象。模拟使用复杂模拟器材，模拟直升机是一个例子或简单的模拟器材（如，橡胶刺刀）。

•技能

学习执行与工作有关活动的能力，有助于有效执行任务。虽然知识是技能必需的，但如何展开动作则不属于知识的范畴，而属于技能。例如，骑自行车的技能是要求执行相关动作序列的技能。一个人骑自行车，可能知道怎样坐，怎样踩踏板，怎样换挡，怎样刹车，却不具备骑的技巧。

•螺旋发展

基于评估反馈不断改进/更新过程、程序、组织或系统的迭代过程。这一变化在适当的入口点进行，从而最大限度地减少工作量。

•标准

（1）目标的第三个主要部分，其中规定了评估行动的详细标准（行动完成或多快）。任何一个目标都有可能包含多种类型的标准，其中任何一种形式都能区分操作有多好或有多快。一个目标可能包含质量和速度标准。

（2）确定执行任务或学习目标的标准。该标准规定了一个过程或者产品生产的完整性或准确性。

（3）任务标准反映了工作中的任务执行要求。

（4）学习目标的标准反映了正式学习环境中达到的标准。

•主题专家（SME）

具有对作业（职务和任务）全面了解的人，他们在相关领域很优秀，通常在特定学科领域受过培训且经验丰富。这种知识有助于他们协助培训开发过程（即咨询、审查、分析等）。（在USAMPS中，通常作为讲师的同义词。）领域专家通常只是在他们的专业领域指导。

•系统训练方法（SAT）

陆军训练开发过程。对整个部队进行集体、个人或自身发展训练决策提供的一种系统的、反复式的训练方法。可以用其来决定是否需要训练；训练的内容；参加训练的人员；进行训练的方式；训练的程度及训练的地点；生产、分配、实施和评估教育/训练产品所需的训练支持/资源。这一过程涉及五个相关的训练阶段：训练分析、训练设计、训练开发、训练实施和评价。参见"训练开发（TD）"。

• 任务

个人和组织完成的明确定义和可衡量的活动，是一件工作和单位中最低的行为水平。它是具体的；通常有一个明确的开头和结束；可能支持或受其他任务支持；只有一个动作，因此，描述时只使用一个动词；一般在较短的时间内执行（但是没有时间限制，或者有特定的时间限制）；是可观察的和可衡量的。确保任务标题包含一个动作动词和对象，它也可能包含一个限定词。类型包括：

• 集体任务

明确定义的、离散的和可衡量的行为、行动、或事件（即任务），需要团队或小组共同操作，以完成任务或发挥功能。集体任务来源于单位任务或上级集体任务。任务的完成要求由支持集体或个人任务组成的程序来操作。集体任务描述了一个团队在实际工作条件下在现场执行的具体绩效。

• 共同任务

一般技术水平任务——具体技术水平的士兵承担的单个任务，不论MOS或分支，如所有上尉操作的任务。

普通士兵执行任务——无论职级高低，所有士兵都执行的个人任务。（例如：所有士兵执行任务，"执行口对口的复苏术"。）

注：有的常见的普通士兵任务，还适用于所有军队文职人员，如，维护安全的机密信息和材料。

• 关键任务

单位和个人必须执行完成的使命和职责，并从全方位的军事行动得以生存的集体或个人任务。关键任务需接受训练。确定为关键的任务类型包括集体任务、一般技能水平任务、普通士兵任务、个人任务和共享任务。

• 个人任务

工作和职责本身中最低行为水平的任务。个人任务应该支持集体任务；通常支持另一个单独任务。个人任务包括普通士兵任务、领导者任务、一般技能水平任务和组织层面的任务。

• 组织层面的任务

其他技能水平共享的技能水平任务，如，上尉和中士可以执行相同的任务。

• 分享任务

① 团队性任务——参见"任务：组织层面的任务。"

② 共享个人任务——来自不同工作和/或不同技能或组织级别的个人任务。通常是

对特定的工作进行分析时识别共享任务。(例如:同在一排的中尉和中士执行一些相同的任务)。

③ 共享集体任务——共享集体任务是集体任务,适用于多个类型单位,或由多个类型单位执行,例如,对于有不同的支持者单位,或者一个权威支持者领导的不同组织的编队/单位。由于共享集体任务的任务、条件、标准、任务的步骤和操作衡量不会改变,所以,所有"共享"任务训练的单位都以同样的方式执行集体任务。

• **任务分析**

确定执行任务(或任务)所需的技能和知识,所需的设备和/或设施,所需态度,关键任务,适当的操作顺序等。有时,给定工作中的所有任务分析过程称作"工作任务分析"或"工作分析"。通常情况下,任务分析同义于工作分析。

• **最终学习目标(TLO)**

一次课程的主要目标。要求学生通过操作,展示出教材中要求的能力。TLO描述了学生在规定的条件下完成课程时规定标准的预期。每次课只有一个TLO,无论其呈现方法和媒介如何,都只有一个动作要求。TLO可能只有一个关键任务,关键任务的一部分(即,一门技能或知识),或多个关键任务。TLO可能与所教授的关键任务相同,或两者之间存在差异。如果存在差异,那么学生达到TLO标准的表现是能够课程完成要求。参见"学习目标(LO)"和能动"学习目标(ELO)"。

• **测试**

一种考查、试验或证明的手段。设计一系列问题或难题以确定知识和能力的掌握情况。这是一种策略、技巧或衡量方法,用于:

确定学员或小组是否能够按既定标准达到目标任务;

确定训练是否按照设计的内容有效且高效地进行;

对个人或团体的技能、知识、才智、能力或其他方面的能力进行的衡量;

收集数据,作为评估一个系统满足程度的基础,评估是满足、超过,还是没有达到该系统设置的技术和操作要求的基本条件。

参见"参照标准测试"、"知识测试"、"常模参照测试"、"操作测试"、"基于操作的测试"、"分级测试"、"预测试"和"试测"。

• **测试控制**

运用安全措施保护测试、测试项目及有关敏感材料,从创建日期始直到其过期或损毁不受随意暴露。

- 测试项目

同测试问题。

- 测试计划

测试计划是指说明课程、模块、阶段和课程中的时间、地点、内容，以及测试方式的规划。测试计划的最小单位是对一次课的测试，包括该次课中每项测试的时间、地点、内容和方式。一门课程的测试计划由这些测试计划中的子成分构成（即，阶段测试、模块测试以及对一节课的测试）。阶段测试计划由该阶段的每个模块的测试计划和每次课程组成，而模块测试计划又由该模块中对每次课进行的测试组成。

- 测试－复测信度

通过重复测试确定测试成绩的稳定性。测试－复测信度是指在两次测试的实施之间没有训练和遗忘，因而两次测试在时间间隔上很紧凑。测试的信度高时，一个人在每次测试中得到的成绩是相同的。测试信度低时，一个人在连续两次测试中的成绩差别就会很大。

- 测试回顾

指对测试进行评定之后，向学习者提供没有参加的项目，并对正确答案的项目进行所需的简短及时的补充而开展的学习活动。这种补充常常包括确定正确答案、学习者对自己给出错误原因或正确答案。

注：不要将测试回顾看作一次事后回顾，以避免与些许不同的过程混淆。

- I型/II型误差

这些评价误差也称为"假否定"和"假肯定"误差。假阴性（I型）误差指的是给已经掌握任务要领的合格人员给出不及格的分数。假阳性（II型）误差是指给没有掌握任务技巧的受训人员一个及格分数。

- 效果确认

确定训练产品和材料是否按预期执行的过程；课程/课件是否符合所有适用的政策要求和指南规定；接受培训的人员是否达标。通过这一迭代过程来修订一门课程，直至有效实现教学目标。